CHARLES BENOIST

LES OUVRIÈRES

DE L'AIGUILLE A PARIS

NOTES POUR L'ÉTUDE DE LA QUESTION SOCIALE

PARIS

LÉON CHAILLEY, ÉDITEUR

8, RUE SAINT-JOSEPH, 8

1895

LES OUVRIÈRES

DE L'AIGUILLE

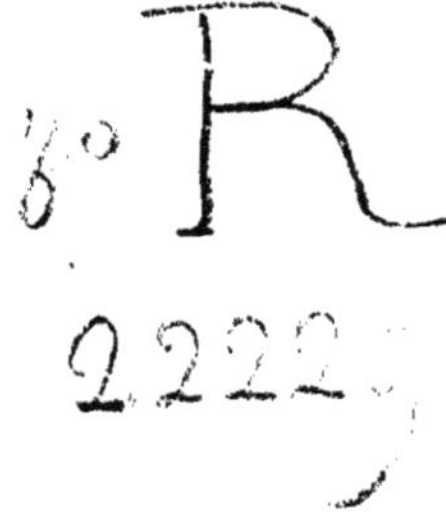

CHARLES BENOIST

LES OUVRIÈRES
DE L'AIGUILLE A PARIS

NOTES POUR L'ÉTUDE DE LA QUESTION SOCIALE

PARIS

LEON CHAILLEY, ÉDITEUR
8, RUE SAINT-JOSEPH

—

1895

AVERTISSEMENT

Je n'ai pas la prétention de donner ces quelques pages pour un livre. Je sais trop bien ce qui leur manque et ce que je ne puis y ajouter.

Ce ne sont que des notes jetées au jour le jour, et ce volume ne sera donc qu'un recueil d'articles. Si je voulais en faire autre chose, il faudrait le reprendre à fond, le remanier de la première à la dernière ligne. Il y aurait bien des lacunes à combler, bien des indications à compléter, tous les chapitres à souder plus intimement les uns aux autres.

Je n'ai pa cru devoir l'essayer. La pensée m'était venue d'abord d'écrire une longue préface où ce grand sujet du travail et de la condition de la femme dans le monde moderne serait étudié théoriquement. J'y ai tout de suite renoncé, de peur que le perron n'écrasât l'édifice, de peur aussi de faire perdre à ces simples et rapides observations le seul mérite qu'elles pussent avoir : celui d'une sincérité toute fraîche et en quelque sorte spontanée.

Telles qu'elles ont paru, dans le journal *le Temps*, durant les derniers mois de 1893, telles on les verra ici réimprimées. Et, si je les réimprime, c'est qu'elles sont aujourd'hui à peu près introuvables, non point que je leur prête une valeur qu'elles n'ont pas. De valeur, elles n'en ont pas d'autre, que de donner des renseignements aussi précis que possible sur des

matières délicates, où souvent il est presque impossible de se procurer des rensei-
ments dignes de foi.

J'aurais à remercier beaucoup de colla-
borateurs, connus ou inconnus de moi.
Ceux-ci ne m'ont pas dit leur nom, ceux-
là ne veulent pas que je le redise. Il faut,
par conséquent, que je les ignore ou les
oublie. Mais que ma gratitude, pour être
aussi discrète, ne soit pas moins constante
que leur charité !

Aux lecteurs sous les yeux de qui tom-
beront ces feuillets perdus, je me permets
encore d'adresser un souhait. C'est qu'ils
soient, à les parcourir, gagnés par l'émotion qui m'a gagné moi-même, au fur et à
mesure que je descendais dans les faits :
c'est que, de ce contact avec la misère, ils
sortent, comme j'en suis sorti, plus convaincus que nous avons tous un impérieux

1.

devoir, de lourdes obligations morales et sociales; qu'il n'est que temps de dissoudre l'envie dans la justice et la haine des classes dans un mutuel respect et un mutuel amour, qui ne soit pas le vague et illusoire amour de l'humanité, mais qui ait je ne sais quoi de plus direct, de plus intelligent et de plus personnel.

Et, si ce livre valait la peine qu'on y mît une dédicace, je le dédierais :

A CELLES QUI FONT TRAVAILLER, POUR QU'ELLES PRENNENT PITIÉ DE CELLES QUI TRAVAILLENT.

C. B.

Paris, 15 décembre 1894.

PREMIÈRE PARTIE
PETITE ENQUÊTE

LES OUVRIÈRES

DE L'AIGUILLE A PARIS

UNE MOITIÉ DE LA QUESTION SOCIALE

Dans les revendications ouvrières (et Dieu sait si nous en avons entendu depuis vingt ans !) quelqu'un est presque toujours oublié : c'est la femme. Les femmes, pourtant, forment une bonne part de la population ouvrière ; elles travaillent comme les hommes, souffrent plus qu'eux d'un long effort, et, si elles ont un peu moins de besoins, elles ont aussi beaucoup moins de résistance. Elles demandent moins que les hommes, mais elles

se défendent moins bien et on ne les défend
guère, parce qu'elles n'ont pas les moyens de
se défendre et parce qu'on n'a pas ou qu'on
ne croit pas avoir d'intérêt politique à les
défendre.

Les femmes, en effet, ne votent point;
d'où trop de gens sont enclins à conclure
qu'il n'y a rien à faire pour elles et courent
au plus pressé, c'est à-dire à l'électeur, institué souverain pour un jour. Quand, par
hasard, on parle d'elles dans les congrès socialistes, c'est pour réclamer en leur nom
tout autre chose que ce qu'il leur faudrait. A
la vérité, en dépit de vagues protestations de
fraternité, qui ne sont que phrases, et de
vaines affirmations de solidarité, qui ne sont
que déclamation révolutionnaire, elles se
heurtent, d'un côté, à l'indifférence bour-
geoise et, de l'autre, à l'égoïsme ouvrier.

Et cet égoïsme est féroce, livrant bataille
sur le morceau de pain. Combien de métiers

où les femmes viennent, à plus bas prix, faire concurrence aux hommes ! C'est le cruel combat pour la vie, où il n'y a plus d'hommes ni de femmes, mais seulement des plus faibles et des moins faibles, et où les plus faibles doivent être impitoyablement écrasés, à moins que n'intervienne à temps un sentiment que les uns nomment justice, les autres charité, et qui est à la fois charité et justice.

Ce sentiment n'est pas, pour l'honneur de l'humanité, aussi rare qu'on affecte de le croire, aussi difficile à éveiller et à faire jouer dans les cœurs. S'il fallait pousser à fond l'analyse, on verrait que pour des motifs, dont quelques-uns, peut-être, ne sont pas très purs, dont quelques autres tiennent aux mœurs et à l'éducation, il est particulièrement aisé de l'éveiller et de le faire jouer en faveur de la femme. Mais ne décomposons pas les bons mouvements du cœur.

Le malheur est que ce sentiment de justice et de charité, que l'amour du prochain est — comment dirai-je ? — moins énergique, plus mou que l'amour de soi-même. La charité est naturellement paresseuse et l'égoïsme naturellement actif. L'amour des autres, en nous, est comme un écolier peu pressé de faire son devoir, qui sommeille le plus possible, se trompe tant qu'il le peut sur l'heure et se rendormirait volontiers. Nous sommes d'instinct portés à nier le mal, pour n'avoir pas à y parer, et (sauf les consciences supérieures) à ignorer la misère, pour ne pas nous fatiguer à y chercher des remèdes.

Le premier geste est trop souvent un geste d'incrédulité. « Morts de faim ? » Allons donc ! est-ce qu'on meurt de faim ? *Nous n'avons jamais vu* personne mourir de faim ! Non, mais en passant dans la rue, nous ne voyons pas non plus les moribonds qui rendent l'âme à deux pas de là ; et cependant, tout près de nous, on meurt. Nous attendons que les spectres viennent nous frapper sur l'épaule et que la misère vienne nous trouver. Eh bien, la voilà, la misère !

Assez de psychologie ; j'ajouterais : assez de philosophie, si les études qui vont suivre, tout entières de faits et d'observation, n'étaient pas par elles-mêmes de la philosophie sociale, et de la plus haute. Ce sera, ou du moins je voudrais que ce fût un coin de société mis à nu, un épisode de vie sociale devenu visible. Je voudrais que l'on sentît, sous les chiffres impassibles, remuer des muscles et des nerfs et souffrir celle des chairs humaines qui, pour tant de causes déjà, est vouée à la douleur : la chair de la femme. Car c'est de la femme qu'il s'agira, de l'ouvrière, et surtout de l'ouvrière *seule*, *isolée*, qui n'a pas de famille. (Pour l'ouvrière mariée, le cas est différent : le salaire qu'elle reçoit est un supplément de ressources, un appoint au salaire du mari.) Il s'agira de l'ouvrière à Paris, et surtout de l'ouvrière appartenant à l'un de ces métiers qu'on pourrait appeler les métiers de l'aiguille : couturières et confectionneuses en tous genres, modistes, brodeuses, lingères, fleuristes, etc., etc. : artisans, à demi-artistes, de la toilette féminine.

On ne se propose pas de refaire, trente-sept ans après sa publication, le beau livre de M. Jules Simon, l'*Ouvrière*. On n'a ni cette intention ni cette prétention. On ne saurait l'avoir si près de lui, dans ce journal où chaque semaine il plaide pour quelque noble idée ou pour quelque œuvre généreuse. Bien moins encore on se propose d'imiter en français la fameuse brochure de John-Stuart Mill : *De l'Assujettissement des femmes*. On se soucie peu de l'émancipation politique des femmes : c'est de la condition morale et matérielle de l'ouvrière qu'on se préoccupe ; c'est de la vie de la femme pauvre qu'on a souci.

Cette condition morale et matérielle de l'ouvrière parisienne, on voudrait l'établir en pleine sincérité, sans rien exagérer, sans rien atténuer ; non pour récriminer, mais pour faire voir. On ne répétera pas le cri de Michelet : « *L'ouvrière* ! mot impie, sordide, mot barbare ! » On ne dira pas davantage : « *L'ouvrière*, mot sacré ! » mais simplement « mot nécessaire ! »

On n'accusera pas, on s'excuserait plutôt. Mais on vient demander, de bonne foi, si c'est vraiment une loi naturelle qu'une femme, au prix de douze ou treize heures d'un travail opiniâtre, gagne à peine de quoi se loger dans un taudis, se vêtir de haillons et se nourrir d'un sou de lait ; si vraiment elle existe et s'il n'y a rien à tenter contre elle, cette loi plus dure que la loi d'airain et qu'on ne sait de quel métal nommer ; si vraiment il faut assombrir encore la formule empruntée par Lassalle à Turgot : « En tout genre de travail, il doit arriver et il arrive en effet, que le salaire de l'ouvrier se borne à ce qui est indispensable pour lui procurer la subsistance » ; s'il faut dire : « En tout genre de travail, il doit arriver et il arrive en effet, que le salaire de l'ouvrière *tombe un peu plus bas* que ce qui est indispensable pour lui procurer la subsistance. A elle de combler le vide en se rappelant qu'elle est femme ! »

N'est-ce pas que sans mise en scène inutile, sans rhétorique, réduite sévèrement aux faits et aux chiffres, c'est là une grave question d'économie, de morale, de philosophie sociales ? C'est la question sociale elle-même, ou la plus urgente moitié de la question sociale. Prenons garde de nous tromper dans notre calcul intéressé ! Si seule, si abandonnée que nous supposions l'ouvrière, il y a bien presque toujours quelqu'un à qui elle tient par un lien quelconque : mère, fille, femme ou... maîtresse. Prenons-y garde :

elle a presque toujours quelqu'un à qui dire, le soir : « Je gagne 3 fr. 50 par jour (1) à coudre cette robe de 500 francs. » — Et ce n'est pas seulement la misère que voilà, mais toutes sortes de colères avec elle !

1. Voy. Seconde partie, p. 275-276.

LA JOURNÉE DE TRAVAIL DES COUTURIÈRES

Le 2 février 1891, M. le comte Albert de Mun pouvait dire à la Chambre des députés :

« Vous savez que le travail de nuit dans les ateliers de couture, à Paris et dans les grandes villes, c'est ce qu'on appelle la veillée, c'est-à-dire un travail qui commence après sept heures et demie du soir et se continue jusqu'à onze heures, minuit, une heure du matin...

A sept heures ou sept heures et demie, au moment où les ouvrières vont quitter l'atelier, on annonce qu'il y aura veillée : on n'a pas été prévenu auparavant ; très souvent on a déjà le chapeau sur la tête. On a un quart d'heure pour prendre un petit repas, ce qu'on appelle le goûter, et pour le prendre à l'atelier !

Un membre à gauche. — Sans quitter l'atelier !

M. le comte Albert de Mun. — Oui, la plupart du temps, comme vous le dites, sans quitter l'atelier !

Une des ouvrières descend, va acheter du chocolat, du pain ou de la charcuterie, et hâtivement, quelquefois tout en travaillant, on mange ce goûter qu'on a payé — notez bien ceci, je vous prie, — qu'on a payé de sa poche, — puis on travaille jusqu'à onze heures, onze heures et demie, minuit. Alors il faut s'en aller... S'en aller, comment? pour aller où? Les ouvrières demeurent à trois quarts d'heure, à une heure de chemin, quelquefois plus... Il y en a qui préfèrent ne pas s'en aller du tout. Alors elles passent la nuit là. Y a-t-il des dortoirs, des matelas par terre ? Non, elles sont libres de passer la nuit sur une chaise.

M. le rapporteur. — Elles n'en ont même pas toujours !

M. de Mun. — Le lendemain, le travail recommence à la même heure. Quand on arrive en retard, — on a cinq minutes de grâce, quelquefois un peu plus, — la porte est fermée et la demi-journée est perdue jusqu'à midi... »

Et comme M. Deloncle s'écriait : « C'est une peinture poussée au noir ! » M. Ricard apportait à M. de Mun son témoignage : « C'est une peinture vraie ! » Après diverses vicissitudes et plusieurs allées et venues entre le Sénat et la Chambre des députés, la loi que réclamait le comte de Mun fut enfin votée et promulguée le 2 novembre 1892. Elle supprimait la veillée ou, du moins, elle la réglementait, l'autorisait seulement en cer-

taines circonstances et la soumettait à certaines conditions. Elle abaissait, pour les
filles au-dessus d' ax-huit ans et les femmes,
la durée légale de la journée de travail :
« Les filles au-dessus de dix-huit ans et les
femmes ne peuvent être employées à un travail effectif de plus de onze heures par jour ».
Auparavant, la journée légale était de douze
heures. En outre, ces onze heures devraient
être « coupées par un ou plusieurs repos,
dont la durée totale ne pourra être inférieure
à une heure, et pendant lesquels le travail
sera interdit. » La loi interdisait, en thèse
générale, le travail de nuit, de neuf heures
du soir à cinq heures du matin. Elle l'interdisait pour les enfants âgés de moins de dix-
huit ans, les filles mineures et les femmes,
sauf dérogation particulière stipulée dans un
autre article. Il pourrait être accordé en certaines circonstances, sous certaines conditions, à certaines époques de l'année et dans

certaines industries, « la faculté de prolonger le travail jusqu'à onze heures du soir pendant une durée totale qui ne dépassera pas soixante jours ».

C'est la transaction entre la rigueur légale et la nécessité économique, entre la pure doctrine et la réalité des choses. Dans certaines industries, en effet, comme disait la loi, on ne pouvait songer à supprimer absolument la veillée, parce que ce ne sont pas des industries à marche normale et à travail constant. Elles suivent, d'abord, les saisons, et c'est ce qu'elles ont encore de plus régulier. Au reste, servantes de la mode, elles obéissent aux caprices de la mode, aux mille hasards qui la font et qui la défont, qui la gouvernent, elle qui gouverne le monde et de qui dépendent tant de vies. On ne saurait trop insister sur l'extrême irrégularité du travail dans les métiers de l'aiguille, notamment chez les couturières. J'ai sous les yeux des documents, difficiles à se procurer (1), car peu d'ouvrières ont la patience de tenir registre pendant assez longtemps. Ce sont les « cahiers d'heures » de travail dans trois des principaux ateliers parisiens. Rien de plus topique, de plus instructif.

Sur l'un de ces cahiers, pour l'atelier A, on relève, du mois d'août 1890 à la fin d'août 1891 : 21 jours de chômage, vacances ou maladie, 3 journées de quatre heures, 2 de cinq, 8 de six, 5 de huit, 7 de neuf, 24 de neuf et demie, 96 de dix, 3 de dix et demie, 10 de onze, 7 de onze et demie, 30 de douze, 59 de douze et demie, 8 de treize, 7 de quatorze, 1 de quinze, 1 de seize, 2 de dix-neuf et demie.

Dans le même atelier, de septembre 1891 au 15 juillet 1892, je trouve : 70 jours de chômage (dont 26 en janvier et 44 en juin et

____

1. Voir aux Notes et Documents, p. 186-190.

juillet) 1 journée de quatre heures, 2 de
six et demie, 2 de sept, 5 de sept et demie,
3 de huit, 23 de huit et demie, 10 de neuf,
4 de neuf et demie, 70 de dix, 1 de dix et demie, 3 de onze, 37 de onze et demie, 65 de
douze et demie, 5 de treize, 6 de treize et demie, 1 de quatorze et 1 de quinze.

Pour l'atelier B, du 18 février 1889 au
15 février 1890, 12 jours légaux de douze
heures; au-dessous, 116 jours de dix heures,
31 de sept heures — je prends les plus gros
chiffres — 30 jours de vacances en juillet ou
de chômage en octobre; au-dessus du temps
légal de douze heures, 65 journées de douze
heures et demie, 16 de treize heures.

Ainsi donc, les journées de douze heures
et demie ne sont pas rares; celles de treize
heures, de treize heures et demie commencent à l'être; celles de quatorze heures, de quatorze heures et demie, de quinze heures, de
seize heures et au-dessus sont exceptionnelles.

Le travail du dimanche, lui aussi, est si rare qu'on peut le dire exceptionnel. Pour cet atelier B, toutefois, il s'est présenté plusieurs cas d'un travail effectif de dix et douze heures le dimanche, entre deux semaines entières de journées de douze heures et demie et de treize heures.

Le tableau qui concerne l'atelier C, est plus significatif encore. Il porte sur une période de quatre années, du mois d'août 1888 au mois d'août 1892. Pour ne pas en donner le détail tout au long, tenons-nous en aux derniers douze mois, pendant lesquels pas une seule journée de douze heures, 72 de dix, 23 de huit, 12 de sept; 63 jours de douze heures et demie, 37 de onze heures et demie, avec 62 jours de chômage ou de maladie.

En réunissant les indications des cahiers d'heures, pour l'atelier C, durant les quatre années entières, on obtient : 78 journées de douze heures) durée légale avant la loi du

2.

2 novembre 1892); 362 journées de dix heures ; 224 journées de douze heures et demie.

Nous avons ainsi le temps à peu près normal du travail dans les ateliers de couture. On voit qu'au point de vue du fait, laissant de côté la question de principe, intervention ou non intervention, la loi ne s'écarte pas de la vérité, pour ce qui concerne les couturières, quand elle fixe à onze heures la durée légale de leur travail, et que ce temps légal est, en définitive, aussi près que possible du temps réel. Mais on voit aussi, d'autre part, que ce temps réel n'est pas réductible à un temps constant, à une moyenne, et que la loi ne pouvait d'un trait de plume abolir la veillée, sans jamais permettre une minute au delà de onze heures de travail : c'eût été méconnaître les conditions mêmes du métier.

Deux points importants sont déjà acquis. Avant la promulgation de la loi du 2 novembre 1892, quand la journée légale était de douze heures, la plus fréquente journée, celle qu'on pourrait dire normale, la journée réelle, était de dix heures, et la plus fréquente, après la journée de dix heures, était la journée de douze heures et demie. L'une de ces journées marque la limite des mortes-saisons, l'autre, la limite du surtravail. Au-dessous de dix heures, l'ouvrière ne travaille pas assez; au-dessus de douze heures et demie, elle travaille trop.

J'ai fait, d'après les « cahiers d'heures » qui sont entre mes mains, le total des journées de morte-saison et celui des journées de surtravail. On trouve, pour l'atelier C, du mois d'août 1889 au mois d'août 1890, 27 journées de chômage absolu, 64 jours au-dessous de dix heures (morte-saison,) 64 jours au-dessus de douze heures (surtravail). Il reste 159 jours de travail à peu près régulier, sur lesquels, 72 jours de dix heures, 7 de dix heures et demie, 4 de onze heures, 34 de onze heures et demie, 42 de douze heures.

Pour le même atelier, dans l'année précédente (août 1888-août 1889) on a, les vacances de juillet déduites, 38 journées au-dessous de dix heures ; 80 journées au-dessus de douze ; et seulement 165 jours de travail constant, dont 105 de dix heures, 6 de dix heures et demie, 7 de onze heures, 35 de onze heures et demie, 12 de douze heures.

Notez que ces chiffres s'appliquent à l'année de l'Exposition, août 1888-août 1889, que c'est une « grande année » ; dans les petites années, le travail réel, au-dessus de dix heures, tombe à 120, 115, et même 110 jours. Je pourrais faire la même opération pour 1891 et 1892 ; — nos cahiers vont jusqu'à la fin de 1892 ; — mais ce serait fastidieux, et d'ailleurs un seul exemple suffira.

On doit, dès maintenant, voir pourquoi la loi ne saurait, en toute rigueur et sans exception, interdire la veillée. Elle ne peut pas supprimer le surtravail, parce qu'elle ne peut pas supprimer le chômage. Une ouvrière qui, avec 160 jours de morte-saison par an, gagne en moyenne 4 fr. 75 par journée, à raison de dire : « J'aimerais mieux gagner 3 fr. 50 seulement, pendant 300 jours. » Mais le moyen d'y arriver ? Les patrons n'ont pas d'intérêt à imposer tantôt des journées de seize heures, et tantôt des tiers ou des quarts de journée.

C'est la nécessité que subit l'ouvrière et qu'ils subissent eux-mêmes.

Les ouvrières ont cru que l'on guérirait deux maux d'un seul coup, qu'en tuant la veillée on tuerait le chômage, qu'il n'y avait qu'à prendre le trop pour combler le trop peu et qu'ainsi on nivellerait, on « égaliserait » le travail. Elles sont vite revenues de leur erreur et, avec la même unanimité, avec le même empressement qu'elles avaient mis à réclamer la suppression de la veillée, elles en ont demandé le maintien, car, la veillée supprimée, il n'y avait plus de compensation au chômage, et le chômage n'était pas diminué.

Il n'en demeure pas moins vrai et il n'en faut pas dire moins haut que la veillée, pour les femmes, est un mal et une source de maux moraux et physiques. Le comte Albert de Mun n'en faisait pas « une peinture poussée au noir » lorsqu'il s'écriait :

« A minuit, on s'en va... Les ouvrières habitent à Montmartre, à Batignolles, à Clichy, à Levallois-Perret. Les ateliers sont au centre de Paris, dans les quartiers riches et élégants. Il y en a qui préfèrent ne pas s'en aller du tout...

« Pour celles qui partent, comment s'en vont-elles? L'omnibus ne passe plus : il faut prendre une voiture et la payer, car il est fort rare que la maison la paye. Quand on n'en trouve pas, il faut s'en aller à pied, faire une heure de chemin. Ce sont souvent des jeunes filles de dix-huit, de dix-sept ans, de seize ans même.

« Savez-vous ce qu'elles nous ont dit? — Nous ne pouvons pas invoquer la protection des gardiens de la paix. Ils nous répondent que les filles honnêtes ne courent pas la rue à cette heure-là. »

Voilà au point de vue moral, une des conséquences mauvaises de la veillée, mais elle est dangereuse aussi pour la santé. M. de Mun l'expliquait en ces termes, commentant les dépositions reçues au cours de l'enquête :

« Pendant qu'on travaille, il a fallu se soutenir un peu ; on l'a fait avec du café noir qui est sur la table et dont on puise des cuillerées, afin de se maintenir éveillé. Quand on rentre à la maison, le feu n'est pas allumé, ou il est éteint : le dîner est froid ; la plupart du temps, il est arrivé ce que vous savez bien : la fatigue de l'estomac a fait passer l'appétit ; on aime mieux ne pas dîner. »

S'il n'y avait encore qu'une victime ! si le mal s'arrêtait à la femme ! Mais c'est à toute la famille qu'il s'attaque ; c'est toute la famille qui souffre, l'homme en premier lieu :

« Et pendant ce temps-là, pour celles qui sont mariées, que fait le mari ? Il s'est lassé d'attendre, il est allé au cabaret : il y reste un peu d'abord, davantage ensuite ; peu à peu, il en a pris l'habitude, il a déserté le foyer désert. »

Le mieux ou le moins mal qu'on puisse espérer, c'est que le père se substitue à la mère absente. « Il y en a, les meilleurs, qui attendent leur femme, qui couchent les enfants. » Mais le père a fait une rude journée, pour sa part, et combien y a-t-il d'hommes capables, à l'ordinaire, d'une paternité aussi tendre ?

L'homme se révoltera bien plutôt, il se souviendra et il s'irritera. Il se rappellera la triste histoire de son ménage. Il pensera aux enfants qu'il a eus tandis que sa femme travaillait une partie de la nuit, qui sont venus au monde mort-nés ou sont morts presque tous à un ou deux ans. Et un mot terrible lui montera du cœur aux lèvres. Il dira, comme cet ouvrier que la Commission a entendu : « Le travail de nuit, c'est un mangeur d'enfants ! »

Mangeur de vertu, mangeur de santé, mangeur de bonheur, mangeur d'enfants, que ne mange-t-elle pas, la veillée? Mais le dilemme est impitoyable. La femme et l'homme sont pris dans ses mâchoires de fer. Ou se laisser manger lentement, ou ne pas manger demain. En attendant qu'il mange, ce mangeur donne à manger.

Sur les tableaux dont je me suis servi, j'ai, on se le rappelle peut-être, relevé des journées de 13 heures, 13 heures 1/2, de 14, de 15, de 16 heures, une ou deux même de 19 heures 1/2. Pas toujours le repos du dimanche entre une semaine de 80 heures et une autre semaine de 80 heures !

Nous nous sommes hâté d'observer que c'était là un cas exceptionnel; mais des cas semblables ou plus frappants encore sont-ils introuvables? M. de Mun, dans le discours auquel nous avons fait déjà plusieurs emprunts, en citait un de *vingt-huit heures* :

« Oui, disait-il, vingt-huit heures de travail consécutif! et il n'y a pas un siècle de cela : c'était l'année dernière, au moment même de notre enquête. Je n'en ai pas parlé parce que je n'ai pas voulu charger le tableau. »

Un autre député, M. François Deloncle, l'interrompant par cette réflexion qui vient, en effet, à tout le monde : « C'était un coup de feu! », M. de Mun reprenait :

« Monsieur Deloncle, voulez-vous me permettre de répondre à votre « coup de feu » ? Dans l'atelier où le fait que j'indique s'est produit, il s'agissait de confectionner un corsage qui devait être livré le matin à neuf heures; c'était le coup de feu qui légitimait ce travail excessif. Eh bien, le lendemain à sept heures et demie du soir, le corsage était encore sur la table de l'atelier, ni expédié ni même enveloppé. »

Ici, l'abus est manifeste, abus de la part du patron ; et si peu partisan que l'on puisse être de l'omnicompétence, de l'omniingé-rence de l'État, il faut l'avouer : c'est à la loi d'y pourvoir et d'y couper court. Mais, dans telle ou telle autre espèce, l'abus ne vient pas du patron ; le client, le public est le seul coupable ; dès lors, la loi n'y peut plus rien. Ce sont les mœurs — le mot est bien gros — ce sont les habitudes qu'il faudrait changer.

Un des plus grands patrons de Paris s'en plaignait, il n'y a pas longtemps : « Que voulez-vous que je fasse ? ajoutait-il. Je reçois une dépêche de Chicago me demandant six robes de bal pour partir par le paquebot de samedi. Elles sont parties hier pour l'Amérique. » Il avait reçu la dépêche le lundi. Du lundi au samedi, il avait fallu que les six robes de bal fussent prêtes, emballées et portées au bateau.

C'est encore là, si l'on veut, un cas exceptionnel, un coup de feu, puisqu'il s'agit de robes de bal, et de robes de bal pour l'Amérique. Mais enfin, il y a des cas, les plus nombreux, où le coup de feu pourrait être évité. Qui peut le faire? et de qui dépend la santé, le repos, la maternité de l'ouvrière? Entre les mains de qui est la vie de la femme qui travaille? Entre les mains de la femme qui fait travailler.

On ne le dira jamais trop ni jamais trop fort, on ne répétera jamais trop aux femmes riches ou aisées qu'elles ont un devoir social envers les pauvres femmes, que ce n'est pas assez de prendre pitié d'elles en paroles, dans les visites qu'elles se font l'une à l'autre, que ce n'est même pas assez de secourir de leurs

aumônes celles qui sont tout à fait indigentes ;
que ce n'est pas seulement la misère qu'elles
doivent soulager, mais la peine — et que le
travail forcé est une lourde peine. On ne leur
apprendra jamais trop que, pour un caprice
qui traverse une tête folle, il faut faire souffrir une créature humaine et plusieurs autres
créatures qui lui sont attachées par des liens
étroits, que la veillée à l'atelier, cette veillée
— parfois inutile — pour elles, est souvent
suivie d'une arrière-veillée nécessaire, d'une
seconde veillée, à la maison, pour le mari ou
les enfants, et que, à ce jeu meurtrier, presqu'à
tous les coups l'on tue.

On ne leur lira jamais trop de lettres du
genre de celle-ci, que le P. du Lac lisait, à
Saint-Roch, dans une instruction devant des
dames, des patronnes et des ouvrières :

« Je vous écris à deux heures du matin.
Vous me le reprochez, vous avez tort. Je suis

obligée de veiller chez mon patron. Mais, de plus, comme il y a beaucoup de petits frères et de petites sœurs, je me suis imposé une chemise d'homme à faire le soir avant de me coucher.

« Elle n'est cependant pas payée bien cher, remarquait le P. du Lac, 50 centimes ! Nous avons essayé, dans nos maisons de famille, d'avoir du travail. Nous nous sommes adressés aux grands magasins... Les chemises d'hommes, 50 centimes ! »

La vaillante femme continuait :

« Ne croyez pas que ces veilles me font mal. Je crois que j'en ai besoin plutôt, tant j'y suis accoutumée. »

Elle en avait si peu besoin qu'elle venait de partir — aux frais de la charité — pour soigner sa poitrine gravement atteinte.

Et l'on ne citera jamais trop aux femmes qui font travailler, pour leur recommander les femmes qui travaillent, le célèbre *Chant de la Chemise* du poète anglais Thomas Hood. Il y a une cinquantaine d'années, ce chant éclata en Angleterre comme un cri de révolution. On le dirait écrit avec des pleurs. M. d'Haussonville en a donné un long fragment dans son intéressante étude sur la *Vie et les salaires à Paris*. Mais il n'est point assez connu, il ne le sera jamais trop. Le voici tout entier, traduit littéralement :

LE CHANT DE LA CHEMISE

Les doigts las et usés,
Les paupières alourdies et rouges,
Une femme, couverte de haillons, dont l'indignité
Contrastait avec son visage,
Etait assise à pousser l'aiguille et le fil :

3.

Cousant, cousant, cousant toujours,

Dans la misère, la faim et la hâte,

Et, de sa voix à l'intonation douloureuse,

Elle chantait le *Chant de la chemise.*

I

Coudre, coudre, coudre !

Tandis que le coq chante là-bas ;

Coudre, coudre, coudre encore,

Jusqu'à ce que les astres brillent à travers le toit !

Oh ! c'est être esclave

Comme chez les Turcs barbares,

Dont les femmes n'ont pas d'âme à sauver.

Si c'est là le travail d'un chrétien !

II

Travaille, travaille, travaille

Jusqu'à ce que ton cerveau ait le vertige !

. Travaille, travaille, travaille

Jusqu'à ce que tes yeux soient pesants et troubles !

Fais les coutures, la triplure et les poignets,
Jusqu'à ce que, arrivée aux boutons,
Tu tombes de sommeil
Et continues à les coudre en rêvant !

III

O hommes qui avez des sœurs chéries,
O hommes qui avez mères et femmes,
Ce n'est pas de la toile que vous usez,
Mais la vie de créatures humaines !
Couds, couds, couds toujours !
Dans la pauvreté, la faim et la hâte,
Tu couds avec un fil double
Un linceul en même temps qu'une chemise.

IV

Mais pourquoi parlé-je de la mort,
De ce spectre effrayant et décharné ?
Je ne crains guère sa mine terrible,
Tant il me ressemble, tant je lui ressemble

A cause de mes longs jours de jeûne.
O Dieu! se peut-il que le pain soit si cher
Et que la chair et le sang
Soient à si bon marché!

V

Coudre, coudre, coudre !
Mon travail jamais ne languit
Et quel en est le salaire? Un lit de paille,
Une croûte de pain et des haillons,
Ce toit crevassé, ce plancher froid,
Une table, une chaise brisée
Et un mur si nu que je sais gré
A mon ombre d'y tomber quelquefois!

VI

Coudre, coudre, coudre,
D'une heure triste à l'autre !
Coudre, coudre, coudre,
Comme le prisonnier travaille pour ses crimes!

Fais les poignets, la triplure et les coutures,
Les coutures, la triplure et les poignets,
Jusqu'à ce que le cœur se soulève et que
Le cerveau s'engourdisse, comme la main lasse.

VII

Coudre, coudre, coudre,
Dans la grise journée de décembre,
Et coudre, coudre, coudre encore
Quand le temps est chaud et clair!
Quand au bord du toit,
Les hirondelles s'accrochent pour faire leur nid,
Comme si elles me montraient leurs plumes dorées
                              [par le soleil
Pour me faire regretter le printemps.

VIII

Oh! pouvoir respirer le souffle
Si doux de la brise et de la primevère,
Pouvoir sentir le soleil au-dessus de ma tête
Et l'herbe sous mes pieds!

Pendant une courte heure, une seule,

Pouvoir ressentir ce que je ressentais

Avant de connaître les souffrances du besoin

Et les promenades qui nous coûtent un repas !

IX

Oh ! pendant une courte heure, une seule,

Avoir un répit, si bref fût-il,

Non pas un heureux loisir pour aimer ou espérer,

Mais seulement un temps de repos dans la douleur!

Pleurer un peu, cela me soulagerait le cœur.

Mais, sous mes paupières, il faut

Que sèchent les larmes amères,

Car chaque pleur arrête mon aiguille et mon fil !

Les doigts las et usés,

Les yeux pesants et rouges,

Une femme couverte de haillons, dont l'indignité

Contrastait avec son visage,

Etait assise à pousser l'aiguille et le fil,

Cousant, cousant toujours

Dans la misère, la faim et la hâte ;
Et toujours d'une voix douloureuse
— Plût à Dieu que ses accents eussent
Touché l'oreille du riche ! —
Elle chantait ce *Chant de la chemise.*

Voilà une pièce à mettre dans les *Choix de lectures* à l'usage des « institutions de demoiselles ». Elle y remplacerait avantageusement les fragments d'*Émile*.

LA LOI. — LES MŒURS. — LES PATRONS.
LES PREMIÈRES.

La loi a fait — ou à peu près — ce qu'elle
pouvait faire. Elle a, nous l'avons dit, abaissé
à onze heures la durée légale de la journée
de travail pour les femmes. Elle a, tenant
compte de la nécessité, autorisé une douzième
heure pendant soixante jours, chaque année.
Elle a, par surcroît de précaution, pour certains cas particuliers, prévu encore une
exception, outre cette exception générale de
soixante journées de douze heures. Elle ne
pouvait pas faire moins et ne pouvait guère
faire plus. Mais, comme il arrive souvent,

comme il doit arriver avec notre méthode de
faire les lois à coups de discours, d'amende-
ments et de contre-projets, elle renferme une
contradiction : tous ses articles ne sont pas
parfaitement d'accord entre eux, ou bien ils
ne sont pas d'accord avec les faits.

En même temps qu'elle permet, en effet,
soixante journées de douze heures, elle dé-
clare que, ces jours-là, le travail pourra être
prolongé jusqu'à onze heures du soir. Or,
dans beaucoup de petits ateliers, la journée
commence à huit heures du matin. De huit
heures à midi, quatre heures de travail. De
midi à une heure, repos. De une heure à onze
heures, dix nouvelles heures, en tout *quatorze* heures de présence. Dans la plupart
des grands ateliers, la journée ne commence
qu'à neuf heures du matin. Soit treize
heures.

Alors, de deux choses l'une. Ou l'on ne
travaillera que douze heures, et il était inu-

tile de fixer pour limite onze heures du soir; ou l'on travaillera quatorze heures, et c'est la loi qui devient inutile. Elle est nulle et non avenue. Car on pense bien que les quatorze heures de présence à l'atelier seront quatorze ou du moins treize heures de travail réel et que l'on ne gardera pas les ouvrières pour le plaisir de les garder. On peut admettre, il est vrai, que l'heure de l'arrivée sera retardée, le matin. au moins pour certaines catégories d'ouvrières : cela, assurément, n'a rien d'impossible, mais il faudra modifier les usages.

Dans l'état actuel, avec les usages en vigueur, la loi interdisant, d'une part, de travailler plus de douze heures et, d'autre part, permettant de veiller jusqu'à onze heures du soir, le plus probable est que, malgré la loi, on travaillera treize ou quatorze heures, puisque la preuve de la contravention est impossible à faire et qu'il n'y a pas d'inspection qui soit capable de l'établir. C'est l'ordinaire écueil où la loi vient se heurter lorsqu'elle prétend régler minutieusement les détails. Qui trop embrasse mal étreint.

En précisant, en stipulant que le travail pourrait, pendant soixante jours par an, être prolongé jusqu'à onze heures, on voulait empêcher qu'il fût prolongé au-delà. On voulait être sûr d'avoir un fait matériel, facile à constater : l'atelier ouvert, comme un café ou comme un théâtre, après l'heure fixée pour limite. Mais ce fait, facile à constater, ne signifie rien si, derrière lui et comme à son couvert, la loi peut être éludée ou tournée.

Ce sont les mœurs qui fourniront le remède le plus efficace. Disons-le encore et redisons-le : le sort de la femme qui travaille est entre les mains de la femme qui fait travailler. Qu'elle n'attende pas, pour donner sa commande, à la dernière minute. Il ne dépend pas de la loi, mais il dépend de tout le monde, que les ouvrières ne travaillent jamais plus de douze heures par jour. Cela dépend de la femme et du mari, de l'éducateur et... du prédicateur. Il se trouvera bien quelque Jean Chrysostome pour croiser les bras devant la mode, devant la grande meurtrière, et pour dire la vérité à cette impératrice plus démente et plus despotique que l'impératrice de Byzance. Celui-là sauvera des milliers de vies.

Les patrons, certainement, ne s'y opposeront pas. Ce n'est pas de gaieté de cœur qu'ils allaient, ballottés du chômage au surtravail, et de la morte-saison à la veillée. Mais, pris comme ils l'étaient entre les caprices de la clientèle et une concurrence implacable, ils étaient forcés de marcher et de faire marcher. Quand on parla de supprimer la veillée ou d'en réglementer l'emploi, ils protestèrent

vivement; non pas qu'ils ne reconnussent
point le mal, mais parce qu'ils ne voyaient
le moyen, ni de le guérir, ni de l'adoucir.
Aujourd'hui, ils se félicitent de ce que la loi
a été votée. L'exception des soixante jours
de douze heures et la perspective d'une autre
exception pour les cas d'urgence leur suffi-
sent. Si les clientes prenaient de meilleures
habitudes et si ces exceptions elles-mêmes
devenaient inutiles, on peut être assuré qu'ils
ne s'en plaindraient pas.

Soyons justes. Ce n'est pas, ou ce n'est pas
seulement contre la femme qui fait travailler
et contre le patron, qu'il faut défendre la
femme qui travaille. La plus lourde tyrannie
qui pèse sur elle est peut-être celle du contre-
maître ou de la contremaîtresse (qui se
nomme ici vendeuse ou première). Pour
faire valoir la maison, la vendeuse se plie
aux exigences de la cliente, qui réclame une
livraison très prompte, parfois même, elle

va au-devant de ces exigences. Elle ne s'inquiète point de la somme d'efforts qui sera nécessaire pour ce travail forcé, et le public n'est pas obligé de connaître tous ces dessous du métier.

Quant à la « première », elle peut faire retomber le travail forcé toujours sur les mêmes ouvrières. Il y a des premières qui ont des préférences, il y en a qui ont des antipathies. C'est assez : les unes chômeront, les autres veilleront; tandis que celles-ci manqueront d'ouvrage, celles-là en seront accablées.

L'abus se greffe sur l'abus. La cliente abuse, le patron abuse, la première abuse doublement. Que de petites injustices et de petites cruautés! Chose étrange : l'ouvrier, qui est, pour le pauvre tout à fait pauvre, d'une charité admirable, est dur pour l'ouvrier, son frère, en qui il est porté à voir un ennemi. Il a le poing pesant et, dès qu'il le

peut, il le fait sentir. Il s'établit dans le monde
du travail toute une hiérarchie de vexations :
c'est une des formes qu'y prend le combat
pour la vie. Après avoir prié la femme riche
et le patron, il faudra descendre jusqu'à la
vendeuse, jusqu'à la première, et demander,
pour l'ouvrière, pitié à l'ouvrière même.

La loi du 2 novembre 1892 disait qu'un règlement d'administration publique déterminerait les industries dans lesquelles il pourrait être dérogé, d'une façon permanente ou temporaire, aux dispositions fixant à onze heures la journée de travail pour les femmes, avec exception de soixante journées de douze heures en un an.

Ce règlement vient de paraître. On le trouvera au *Journal officiel* du 26 juillet 1893. Il porte, à l'article premier, que, dans certaines industries et à certaines époques, « les femmes et les filles âgées de plus de dix-huit ans pourront être employées jusqu'à onze heures du soir, sans qu'en aucun cas la durée du travail effectif puisse dépasser onze heures par vingt-quatre heures ». Parmi les industries qui y sont visées, on relève : confection de chapeaux en toutes matières pour hommes et femmes, confections, couture et lingerie pour femmes et enfants, fleurs artificielles, plumes de parure, tulles, dentelles et laizes de soie, c'est-à-dire plusieurs des industries comprises dans ce qu'on est convenu d'appeler les métiers de l'aiguille.

Je n'insiste pas sur cet article, qui reproduit, on a pu le voir, les termes mêmes de la loi. Ce que nous avons dit de la loi s'applique, avec autant de force, au règlement d'administration publique. Le fait seul de stipuler que les femmes pourront être employées jusqu'à onze heures du soir détruit la condition qu'elles ne pourront fournir par jour plus de onze heures de travail effectif. Si elles donnent plus de douze heures de présence, elles donneront plus de douze heures de travail. Et le règlement, comme la loi, va de la sorte contre son objet.

Il ne va pas moins contre son objet dans l'article 3 que dans l'article 1er. Cet article 3 est ainsi conçu :

« Les industries énumérées ci-après sont autorisées à déroger temporairement aux dispositions relatives au travail de nuit, sans que le travail effectif des femmes, filles ou enfants employés la nuit puisse dépasser dix heures par vingt-quatre heures. »

Parmi les industries énumérées, la confection de chapeaux, les confections, couture et lingerie, les fleurs artificielles, les fourrures, etc.

Comme rédaction, ce n'est pas d'une clarté parfaite. Je crois comprendre qu'il s'agit d'une « équipe » ou d'un « atelier » de nuit. L'atelier de jour ne pourra travailler plus de douze heures; l'atelier de nuit ne pourra travailler que dix heures, et cela pendant trente jours seulement, pour les industries qui nous intéressent.

Mais la loi supprimait, à ce qu'il eût semblé, le travail de nuit pour les femmes. Elle n'avait pour but que de le supprimer. Le règlement d'administration publique le rétablit, ou commence à le rétablir; il en restaure le principe. Ou bien c'est le sens de cet article 3, ou bien il n'a pas de sens. Alors, qu'on fasse une circulaire pour expliquer le règlement, de même qu'on a fait un règlement pour expliquer, compléter et... corriger la loi.

L'article 5 broche sur le tout. Il efface l'obligation du repos hebdomadaire non seulement pour les femmes, mais pour les enfants.

Les industries dans lesquelles l'obligation du repos hebdomadaire et les restrictions relatives à la durée du travail pourront être temporairement levées par l'inspecteur divisionnaire pour les enfants âgés de moins de dix-huit ans et les femmes de tout âge, sont les suivantes :

Chapeaux, corsets, confections, fleurs, fourrures, plumes, etc.

Tel est, en substance et dépouillé du grand luxe de tableaux dont il est revêtu, le règlement du 15 juillet 1893 (publié le 23 juillet). Il a été rendu sur le rapport du ministre du commerce, de l'industrie et des colonies, sur l'avis du comité consultatif des arts et manufactures, sur l'avis de la commission supérieure instituée par l'article 22 de la loi du 2 novembre 1892, le Conseil d'État entendu.

Il se présente, comme on eût dit jadis,

muni de tous les sacrements, entouré de toutes les garanties. Nous n'aurons garde de prétendre qu'il soit mauvais. Et pourtant, qu'est-ce qu'il fait de la loi dont il devait dissiper l'obscurité, illuminer les recoins et les replis? Peut-être bien est-ce cette loi qui était défectueuse et le ministre du commerce, les deux commissions, le Conseil d'État donnent-ils aux Chambres une leçon de bonne législation. Ce qui est sûr, c'est qu'en deux ou trois points le règlement, au lieu de développer la loi, l'annule.

La loi disait : Les femmes ne travailleront pas la nuit. Le règlement dit : Les femmes, filles ou enfants pourront travailler la nuit, pendant 30, 60, 90 ou même 120 jours (suivant les diverses industries). La loi disait : Les femmes devront avoir un jour de repos par semaine. Le règlement vient dire : L'obligation du repos hebdomadaire pourra temporairement être levée pour les femmes, filles et enfants. L'inspecteur divisionnaire décidera en dernier ressort.

Le règlement, comme la loi, en fait un personnage considérable et redoutable, de l'inspecteur divisionnaire. Parce qu'on lui prête beaucoup trop de facultés, on l'investit de beaucoup trop de pouvoirs. C'est lui qui liera et qui déliera, lui qui examinera les cas en conscience et qui délivrera les permissions nécessaires; c'est encore lui qui contrôlera; c'est lui qui sera chargé d'empêcher que, sur une journée de quatorze heures, les ouvrières travaillent plus de douze. La tâche est immense, il y succombera, eût-il, avec les cent yeux d'Argus, l'expérience de Nestor et l'insinuante souplesse d'Ulysse, fécond en ruses. — Ah! le pauvre inspecteur! De combien d'heures seront ses journées et qui réglementera son travail de nuit?

En attendant, la loi du 2 novembre 1892 supprimait la veillée sans la supprimer; le

règlement du 15 juillet 1893 rétablit la veillée sans la rétablir, et le travail de nuit, et le
travail de sept jours. On le répète, on ne veut
pas discuter sur les mérites et les limites de
l'intervention ou de la non-intervention de
l'État. Mais il y a quelque chose de pire que
de faire une loi ou de ne rien faire. C'est de
faire une loi et de la défaire.

Il est très difficile de se procurer des renseignements certains sur le salaire des ouvrières qui vivent des différents métiers de l'aiguille, et cela pour plusieurs raisons. La première, la plus générale, c'est que les patrons exagèrent dans un sens et les ouvrières dans l'autre. Les patrons disent plus et les ouvrières disent moins. Une seconde raison, c'est que dans chaque métier, couturières ou modistes, depuis le *trottin* jusqu'à la *finisseuse*, depuis le *modillon* jusqu'à la *première*, les ouvrières forment diverses catégories, chaque catégorie avec un salaire divers. En outre, le salaire qui varie déjà suivant le grade auquel on est parvenu dans le métier, varie encore suivant le quartier et même suivant la maison où l'on travaille. Enfin, dans une seule maison, le salaire varie d'atelier à atelier.

Il faut de plus, pour avoir le salaire réel, tenir compte des chômages et des mortes-saisons. Chez les couturières, par exemple, le chômage est inévitable et les mortes-saisons sont si longues que ce n'est pas le salaire à la journée qui nous le donnera, ce salaire réel, mais les salaires de l'année. La journée, on l'a vu, est loin d'être fixe : elle est tantôt de six heures et tantôt de quinze heures, et le salaire, lui aussi, est tantôt de six et tantôt de quinze heures. Ce sont autant de difficultés.

Quand nous avons cherché, au début de ces études, à rassembler les données nécessaires, nous nous sommes adressé aux personnes réputées les plus compétentes, d'une part dans la profession, d'autre part dans le monde savant. Dans le monde savant, on nous a renvoyé au livre de M. Jules Simon, l'*Ouvrière*, qui demeure sur tous points le modèle du genre. De la profession, voici les réponses que nous avons reçues. Transcrivons mot à mot trois d'entre elles, comme type :

Première patronne, rue de la Paix. — Je réponds à votre question au sujet du gain d'une ouvrière couturière à Paris. Ce gain doit varier en raison du quartier ou plutôt de la maison où elle travaille, et, pour être bien fixé, il faudrait l'avis de plusieurs maîtresses de maisons, de quartiers opposés et de clientèles différentes.

Je répondrai, pour mon compte, que *le prix moyen est de 5 francs par jour* pour le tiers de mes ouvrières ; des deux autres tiers, l'un gagne *au-dessus* et l'autre *au-dessous* de ce prix.

La morte-saison étant à peu près de deux mois en été, c'est-à-dire juillet et août et de six semaines en hiver, du 15 décembre à la fin de janvier, cela nous donne un total de quatorze semaines, pendant lesquelles l'ouvrière gagne en moyenne la moitié de sa journée, ce qui fait 210 francs.

Il reste de l'année trente-huit semaines, pendant lesquelles, si elle a encore quelques journées incomplètes, elle a pour compensation d'autres jours où elle fait des heures supplémentaires, ce qui rétablit à peu près sa journée complète pour ces trente-huit semaines. Pendant ce temps, elle gagne 1.140 francs, plus les 210 francs des quatorze semaines de morte-saison, cela fait 1.350 francs par année.

Je répète ici que quelques-unes se font un

plus gros gain, quand d'autres, ou plus jeunes ou plus vieilles ou moins habiles, gagnent moins.

Deuxième patronne, même quartier. — Mme X... me charge de répondre à ce que vous lui demandez, au sujet du gain des ouvrières, que, défalquant les dimanches et jours fériés et calculant d'après la morte-saison de l'année entière, une ouvrière peut se faire, dans son année, de 900 à 1.100 francs.

Mme X... parle de ses ateliers dans lesquels, *à part de très rares exceptions*, les ouvrières ont toutes de 4 francs à 5 fr. 75 par jour.

Troisième patronne. — Tout dépend de la capacité de l'ouvrière en question. Une bonne ouvrière peut compter une moyenne de 4 fr. et ses veillées arrivent même quelquefois jusqu'à couvrir son chômage, car les patronnes préfèrent faire un sacrifice pour la garder que de risquer qu'elle se place autre part.

Je crois être juste en donnant 4 francs pour une ouvrière de 4 fr. 50 à 5 francs, dimanches et fêtes défalqués. Une ouvrière de 3 fr. 50 à 4 francs peut compter une moyenne de 3 fr. 25.

La plupart se font rétribuer plus cher ; mais les patronnes, surtout les petites, ne peuvent couvrir leur journée, et elles ont forcément beaucoup de morte-saison.

Il importe de remarquer qu'il ne s'agit, dans ces lettres, que de trois maisons de premier ordre, et, par conséquent, on peut le dire, d'ouvrières de premier ordre. Sans nous arrêter à ce qu'a de vague cette formule : « Le prix moyen est de 5 francs par jour pour un tiers de mes ouvrières ; des deux autres tiers, l'un gagne au-dessus et l'autre au-dessous de ce prix », notons que le salaire annuel est évalué, par une de ces maisons, à 1.350 francs; par l'autre, entre 900 et 1.100 francs par an.

Nous ne sommes pas en mesure d'en déduire ce que gagne, dans une maison de second ou de troisième ordre une ouvrière ordinaire. Mais, dès maintenant, nous savons qu'à Paris, dans les meilleures maisons, où les mortes-saisons sont relativement courtes, la meilleure ouvrière ne peut guère gagner plus de 1.350 francs par an, soit, comme salaire réel, 3 fr. 70 par jour.

Même dans ces maisons, le nombre des ouvrières qui gagnent moins de 3 fr. 70 est vraisemblablement de beaucoup le plus élevé. En dehors des maisons de premier ordre, le salaire réel ne doit arriver que rarement à ce chiffre, parce que le salaire quotidien est moins fort, ou parce que les mortes-saisons sont plus longues.

Acceptons, pour ces maisons-là, 1.350 fr. par an et 3 fr. 70 par jour (1); mais ce n'est pas ce que gagnent chez tous les patrons toutes les ouvrières. Ce n'est pas une moyenne, c'est un maximum.

1. Rappelons que ce salaire de 3 fr. 70 est tiré, par déduction, du salaire annuel dans lequel sont compris le chômage et la morte-saison.

Le peu que nous avons déjà dit du salaire des couturières à Paris, ne s'applique, il faut le répéter, qu'aux meilleures ouvrières des meilleures maisons. Les prix de 3 francs et de 3 fr. 70 sont de beaux prix, que l'on n'atteint qu'après un long stage. Au sortir de l'apprentissage, on débute comme petite main ou petite ouvrière, avec un salaire moyen de 1 fr. 50 par journée de travail. Quand l'ouvrière est devenue plus adroite, elle gagne 2 fr. 50, mais moins on est capable et moins on est payé — ce qui est juste ; — plus on a de morte-saison — ce qui est terrible. Encore une fois, même pour ces salaires des petites mains, il s'agit ici des bonnes maisons.

Mais tout le monde ne se fait pas habiller par les couturiers ou les couturières en renom, dont le tarif, s'ils ont un tarif, est hors de la portée de bien des bourses. Aussi les grands magasins qui, d'abord, ne vendaient que les étoffes, se sont-ils mis à « tenir », comme on dit, les costumes tout faits. On y trouve même, à des prix modérés, des toilettes relativement riches. Les meilleures ouvrières des meilleures maisons de couture en ont créé le modèle pour eux, pendant les temps de chômage. (C'est du moins ce qu'affirme une note qui me vient de source autorisée et que je suis scrupuleusement.) Lorsque le grand magasin **a**, de la sorte ou autrement, une série de modèles à lui, il fait venir ses entrepreneuses ordinaires et leur offre à forfait un prix de tant par costume. Et nous voilà, du coup, tombés dans ce que les Anglais et les Américains appellent le *Sweating System*, dans ce qu'on pourrait appeler en français le système du *pressurage* ou de la vis sans fin. L'entrepreneuse s'adresse à une sous-entrepreneuse, qui s'adresse à une moins habile ou à une plus malheureuse, laquelle trouve encore une plus malheureuse qu'elle-même et peut, à son tour, en extraire encore un sou ou deux. Supprimer les intermédiaires dans le commerce, dans la vente, est très louable, mais il serait tout aussi louable de n'en pas susciter plus que de raison dans le travail. Chacune de ces entrepreneuses ou sous-entrepreneuses prélève un petit bénéfice sur celle qui est placée immédiatement au-dessous; chacune d'elles, pour employer la classique figure du langage socialiste, boit une goutte de la sueur d'autrui, et la dernière est épuisée, peinant beaucoup pour presque rien : d'où ce mot grossier et cruel de Système « Suant », de *Sweating System*. Au lieu de mots, qui déclament toujours un peu, mettons des chiffres, qui ne déclament pas. Une ouvrière qui travaillera de sept heures du matin à neuf ou dix heures du soir gagnera, à ce métier, 1 franc, 1 fr.25 ou 1 fr.50, par journée de quatorze ou quinze heures. Ce n'est pas, directement, la faute des grands magasins qui auront payé à l'entrepreneuse un prix convenable, débattu avec elle, et l'entrepreneuse elle-même a, d'ailleurs, une bonne raison à donner : elle veut s'épargner les frais de gros loyer et les ennuis qu'entraînent la distribution du travail entre un grand nombre de personnes et la réception de ce travail une fois fait. Mais il n'en reste pas moins vrai que, chacun voulant s'épargner quelque chose, personne n'épargne son voisin et que de pauvres femmes se crèvent les yeux et se brisent le poignet pour un salaire qui, dans « la belle confection », ne dépasse pas, à cause d'une morte-saison de deux mois, 250 à 350 francs par an.

Après les grandes maisons de couture et les grands magasins de nouveautés, les couturières à façon. Ce sont, pour la plupart, d'anciennes ouvrières qui, s'étant mariées ou voulant être plus libres, et se faire une position, se sont établies à leur compte. La cliente apporte l'étoffe, elles se chargent seulement des fournitures de détail, baleines, rubans, agrafes, fil, soie, etc... Leur clientèle, en général, est une clientèle de quartier, ce qui ne l'empêche pas d'être parfois assez étendue. Il en est, parmi ces maîtresses couturières, qui occupent de cinq à dix ouvrières. De ces ouvrières-là, le salaire ne dépasse pas 2 francs : un grand nombre travaille pour 1 fr. 25 ou 1 fr. 50. Le travail est irrégulier ; quand une commande presse, il

faut passer les nuits, et chômer très souvent,
la commande livrée. C'est ce que nous disait
un autre témoin : — Les petites patronnes
n'arrivent pas à « couvrir la journée » de
leurs ouvrières, qui doivent forcément
compter sur beaucoup de morte-saison.

Passons maintenant à la « confection ordinaire », aux couturières travaillant chez
elles pour entrepreneur de confection ordinaire (vêtements de femme). Le centre de
cette industrie est dans les rues Saint-Denis,
Saint-Martin, du Mail, d'Aboukir, jusque
dans la rue du Sentier. Dans ces rues habitent des entrepreneurs qui prennent à façon
des quantités considérables d'habillements
de femme, destinés aux commissionnaires
ou aux magasins de troisième et de qua-
trième ordre.

Jupons de calicot, matinées de satinette,
camisoles d'indienne, peignoirs de percaline,
si l'on travaille pour la saison d'été, flanelle,

molleton, gros lainages, si ce sont les mar-
chandises d'hiver que l'on prépare, on coupe
tout à la cisaille, à l'emporte-pièce ; on en
fait des ballots, à la douzaine, si encombrants
que les ouvrières doivent — je copie une
lettre — « les emporter sur leur dos, chargées comme des mules, car les omnibus ne
veulent pas les recevoir avec leurs paquets
énormes ». Pour les vêtements ainsi confec-
tionnés, les prix de main-d'œuvre varient
entre trois sous et huit sous la pièce ; ils
atteignent quelquefois 75 centimes et ne dépassent jamais 1 fr. 10. On ne gagne trente-
six sous par jour qu'en « abattant » une
douzaine de camisoles, à trois sous la pièce.
Encore faut-il, avec le fil et les aiguilles,
fournir la machine et, si l'on n'en a pas à soi,
ou si elle n'est pas tout à fait payée, la louer
moyennant trois francs par semaine.

Le salaire des ouvrières employées à ce
genre de confections pour femme peut

atteindre 300 francs par an, 400 francs au plus, à la condition, toujours sous-entendue dans les métiers de l'aiguille, que la chance les serve et détourne d'elles ces deux fléaux de la femme qui gagne misérablement sa vie, le chômage et la morte-saison.

Il paraît que la condition des confectionneuses était jadis bien moins pénible, et leur salaire bien plus élevé. Nous ne savons si l'on doit accueillir sans réserve le témoignage suivant, tant l'écart serait grand entre les anciens prix et les prix actuels. Nous le rapportons presque textuellement. Mme Z.... a eu sous ses ordres quarante-huit ouvrières. A présent, elle est vieille. Elle était entrepreneuse pour des maisons de confection et c'est elle-même qui faisait ses modèles. Sa spécialité était les demi-ajustés en faille, en soie ; on lui payait de façon, assure-t-elle, 25 ou 26 francs, ce que l'on paye aujourd'hui 30 sous à l'entrepreneuse (à qui probablement, on donne le modèle à copier). Combien dès lors, l'entrepreneuse peut-elle payer aujourd'hui à ses ouvrières ? Mme Z..., affirme que, sur ce demi-ajusté de 25 francs, elle ne gagnait, elle, que 20 sous, et versait 24 francs à l'ouvrière, qui n'avait que le fil à fournir.

Si Mme Z..., ne se trompe pas et si ses déclarations sont à prendre au pied de la lettre, on peut mesurer la profondeur de la révolution dont nous parlions, révolution que l'introduction de la machine à coudre et la création des grands magasins ont opérée dans l'industrie du vêtement, et qui sans doute, comme à l'ordinaire les révolutions, n'a pas produit que du mal, n'a pas produit que du bien, mais marche accompagnée d'un cortège de biens et de maux.

J'ai peut-être abusé des chiffres et je m'excuse de ce qu'ils ont donné de trop aride à ces petites études qui sont pourtant des tranches de vie, et de la plus laborieusement vécue. Mais c'est que les chiffres ne déclament pas et que, en ce sujet où l'on remue tant de misères, à vouloir peindre avec des mots, il serait aisé de verser dans la déclamation. Voici, d'ailleurs, que nous touchons à la fin ; ncus abrégeons le plus possible, mais la conclusion sera si triste que nous tenons à la tirer des chiffres eux-mêmes, sans y mêler

rien qui puisse en faire suspecter l'impartia-
lité ou en affaiblir l'évidence.

On a vu, dans les quelques articles précé-
dents, ce que gagnent à Paris la plupart des
ouvrières de l'aiguille, couturières proprement dites, couturières en confection pour
vêtements de femme et d'homme, chemisiè-
res, etc. Il serait ennuyeux et inutile de prolonger, outre mesure, ce recensement des
salaires. On n'en trouverait pas de plus hauts
que ceux que nous avons indiqués pour les
meilleures ouvrières des maisons de couture;
on en trouverait de plus bas encore que les
plus bas, déjà donnés, par cette raison que
l'indigence et le besoin n'ont pas de limites.
Le maximum des salaires, nous le connais-
sons, ou à peu près; le minimum, personne
ne peut le fixer.

Les modistes, néanmoins, semblent faire
exception à la règle. De toutes les ouvrières
de l'aiguille, elles sont certainement les

moins malheureuses. On divise les modistes
en trois grandes catégories : apprenties, apprêteuses, garnisseuses. L'apprentissage dure
trois ans (ordinairement de la treizième à la
seizième année), pendant lesquels on ne
gagne rien. Au sortir de là, les ouvrières
deviennent « petites apprêteuses ». Elles sont
nourries et gagnent de 25 à 40 francs par
mois. Moyennes apprêteuses, entre seize et
dix-huit ans, elles gagnent, nourries, de 50
à 60 francs par mois. Fortes apprêteuses,
enfin, de dix-huit à vingt-deux ans, elles
gagnent, avec leur nourriture, de 60 à
100 francs par mois. Elles passent alors —
quand elles y passent — au grade supérieur
de garnisseuses. Une petite garnisseuse,
nourrie comme l'apprêteuse, peut gagner,
par mois, de 60 à 100 francs ; une bonne
garnisseuse, de 200 à 300 francs ; une première, de 300 à 500 francs, « les reines ! »
m'écrit-on, et ce sont des reines, en effet,

qui ne font plus du métier, mais de l'art.
Celles qui ont un grand royaume, celles qui
sont dans une grande maison, dépassent
même 500 francs, gagnent jusqu'à 600,
700 francs et au delà ; ce n'est plus leur travail que l'on paye, ce sont, le terme est courant, leurs « créations », leurs « idées », leur
goût, leur adresse, ce qui constitue le talent.
On comprend qu'on ne puisse faire servir de
tels chiffres à établir une moyenne. Il y a,
du reste, un revers à la médaille même qui
porte l'effigie de ces « reines » de la mode.
Elles vieillissent vite. A quarante ans, la
fatigue est venue. Les doigts peuvent demeu-
rer agiles, mais le goût baisse, les idées
s'éteignent, l'invention se tarit, le talent di-
minue ou disparaît : on ne « crée » plus. La
vieille modiste n'est plus qu'une ancienne
modiste, et c'est ainsi que, de toutes les
ouvrières de l'aiguille, les modistes sont
celles qui ont la vie la moins dure et la fin la

plus redoutable, les moins longs chômages et la plus longue vieillesse.

Les modes, c'est le paradis des ouvrières à l'aiguille, du moins lorsqu'elles sont sorties d'apprentissage et tant qu'elles restent jeunes. Faut-il redescendre dans l'enfer du travail, où tant de femmes peinent et souffrent pour un morceau de pain qui ne les rassasie pas? Lingères qui gagnent 1 ou 2 francs par jour, 250 ou 300 francs par an; cravatières qui, « dans le beau », gagnent parfois jusqu'à 4 francs, mais qui « dans l'ordinaire », ne gagnent que 2 francs, et dont le terrible chômage réduit le salaire de moitié ; ouvrières en tapisserie pour pantoufles, payées entre 25 et 40 centimes la paire, à condition qu'elles fournissent les laines, et qui, *en tra-vaillant la moitié de leurs nuits*, arrivent à gagner, par journée d'on ne sait combien d'heures, 3 francs, desquels il y a à déduire 1 franc de fournitures.

Une couturière nous dit : « Je suis entrée en apprentissage à treize ans et demi, pour dix-huit mois. J'ai commencé par gagner 2 francs par semaine pendant neuf mois. Je suis tombée malade le 7 juin 1891. Partie pour une maison de convalescence le 23 juin, j'y suis restée jusqu'au 10 janvier 1892. Je n'ai recommencé à travailler qu'au mois de mai, comme apprentie encore, à 3 francs par semaine. En janvier dernier, mon apprentissage terminé, j'ai gagné d'abord 1 franc, puis 1 fr. 25, ensuite 1 fr. 50 et quelquefois 2 francs par jour. Je devais entrer chez des amies, où j'aurais eu 2 fr. 50, mais la morte-saison est venue et je suis au repos depuis quinze jours. » La brave fille ajoute : « Ce dont je suis bien chagrine, car je suis le seul soutien de ma pauvre mère, veuve et malade. » Et c'est presque toujours ainsi ; presque toujours une autre misère est jointe à la misère de l'ouvrière ; presque toujours

un même coup fait, chez ces pauvres gens,
plusieurs victimes. Ici, nous avons sous les
yeux toutes ces misères en raccourci : la
fille apprentie, ne gagnant à peu près rien ;
six mois de maladie, suivis de cinq mois de
chômage en deux ans, la morte saison par
là-dessus, et par là-dessus encore la mère,
veuve et malade, double charge pour cette
malheureuse qui ne peut déjà traîner la
sienne.

Cette autre a soixante-quinze ans. Elle a
été, pendant quatorze ans, employée avec
des tailleurs, dans une maison de sourds-
muets, qui appartient à l'État. Elle gagnait
25 francs par mois. Elle était nourrie, mais
non pas logée. A travail égal, les hommes
gagnaient 7 francs de plus, 32 francs par
mois. En 1892, elle est tombée malade et a
dû quitter la maison. Elle n'a pas un sou de
retraite. Ou plutôt si : l'Assistance publique,
tenant compte de ses services, lui donne

20 francs par mois pour se vêtir, se nourrir et se loger.

Voilà des chiffres qui ne déclament pas et qui n'en ont pas moins leur éloquence. Irrésistiblement, une question se pose : Comment ces femmes, qui sont des milliers à Paris, comment font-elles pour vivre ? — Pour vivre ? demandez plutôt comment elles font pour ne pas mourir ! s'écriait l'autre jour un homme qui va, étudiant et pansant de son mieux les plaies sociales. Comment elles font, je cherche, pour le dire, une périphrase académique. Elles se souviennent qu'elles sont femmes, puisque, aussi bien, elles n'ont que trop d'occasions de s'en souvenir. Elles-mêmes n'y font point tant de manières et s'expriment très brutalement, comme inconscientes, sans morale, sans volonté de résister, ou conscientes seulement d'une fatalité à laquelle on ne résiste pas.

Une brodeuse travaille à la fois pour des lycéens et pour des soldats, pour les francs-maçons et pour les collèges des Jésuites, pour les conducteurs d'omnibus et les distributeurs du *Petit Journal*. Elle est aux pièces, et, de huit heures du matin à sept heures du soir, orne des casquettes, à raison de *deux* pour *trois sous*. Elle gagne à ce métier, 11 fr. 50 par semaine. Comment celle-là fait-elle pour vivre ? Une de ses voisines répond : « Elle est entretenue, *heureusement !* » Et c'est vrai, hélas ! — Heureusement !

Nous avons donné, comme maximum du salaire réel d'une bonne ouvrière couturière, à Paris, en tenant compte des mortes-saisons, 1.350 francs par an, 3 fr. 70 par jour. Il ne s'agit, bien entendu, que des ouvrières et non des premières, coupeuses ou dames essayeuses qui ne sont plus à proprement parler des ouvrières, mais des employées, des collaboratrices, parfois des associées pour le patron ; qui doivent inventer le modèle et diriger l'exécution, qui ne font plus du métier, mais de l'art. Celles-là, si nous en croyons le rapport présenté par M. Albert Leduc au jury de l'Exposition de 1889 (classe de l'habillement) peuvent gagner, chez les couturiers, jusqu'à 15.000 et 20.000 francs par an, et dans les maisons de second ordre 5.000, 6.000, et 8.000 francs ; mais celles-là, combien sont-elles ?

Dans les meilleures maisons, le salaire des ouvrières qu'on appelle des premières, chacune pour sa spécialité, première à la jupe, première aux corsages, etc., atteignent 6, 7 et 8 francs par jour ; celui des essayeuses monte encore plus haut, mais ce sont aussi des exceptions et en petit nombre. D'après les renseignements nouveaux qui nous sont parvenus, il vaut mieux accepter, comme gain annuel d'une bonne ouvrière, de 900 à 1.000 francs que 1.350 francs. Le salaire réel descendrait alors à 2 fr. 45 et 3 francs par jour.

On nous a renvoyé aux chiffres de M. Jules

Simon : retournons-y. M. Jules Simon indique, comme moyenne des salaires dans les différents métiers de l'aiguille, les chiffres suivants, en tenant compte des chômages et des mortes-saisons :

Moyenne.

Repriseuses	2 05
Modistes.	1 98
Brodeuses.	1 71
Couturières	1 70
Costumières (confectionneuses?).	1 68
Fabricantes de parapluies. . . .	1 60
Equipements militaires	1 22
Gantières en peau.	1 34
Gantières en tissus.	1 06

La moyenne générale du salaire pour les femmes aurait été de 1 fr. 63. Sur les 101.000 ouvrières, auxquelles s'appliquait l'enquête de 1851, 950 auraient touché par

jour moins de 0 fr. 60 ; 100.050 auraient
touché de 0 fr. 60 à 3 francs ; 626 auraient
touché plus de 3 francs. Les couturières auraient gagné, à l'atelier, 2 francs ; chez elles,
1 fr. 42.

Avant de calculer la moyenne, M. Jules
Simon établit le maximum du salaire des
femmes qu'il arrête ainsi :

Maximum.

5 francs. — Modistes et brodeuses.

4 fr. 50. — Couturières pour tailleurs (confections ?)

4 francs. — Couturières proprement dites,
corsetières et lingères.

3 fr. 50. — Repriseuses, couturières pour
cordonniers et tapissiers.

Minimum.

0 fr. 75. — Tapisserie, friperie, gants de
peau.

6

0 fr. 50. — Couturières, giletières, corsetières, fabricantes de casquettes, brodeuses.
0 fr. 40. — Cordonnerie et gants de tissus.
0 fr. 15. — Lingerie.

(A propos de ce dernier chiffre, M. Jules Simon fait observer que des salaires aussi bas sont ordinairement perçus par des infirmes ou par des ouvrières à la pièce qui ne disposent que de très peu de temps par jour.)

Tels sont les prix de 1847, enregistrés par l'enquête de 1851. Ils ne font plus, on le comprendra, preuve absolue pour 1893. En cinquante ans tout a changé : la face du monde a été renouvelée : sans doute, les salaires ont augmenté ; la vie, à coup sûr, est plus chère : de profondes transformations se sont accomplies dans l'industrie et le commerce.

Que dit-on ? des transformations ! Le

commerce a eu sa révolution, la création des
grands magasins, qui s'est répercutée partout, dont le contre-coup s'est fait sentir,
pour le bien ou le mal, en tout lieu et dans
tout métier. Mais les chiffres de l'*Ouvrière*
demeurent excellents et précieux, comme
point de comparaison, à cinquante années en
arrière,

M. d'Haussonville nous en fournit d'autres, qui remontent à une dizaine d'années.
Mettons à part, ainsi qu'il a soin de le faire,
certaines professions, assez ou même très
lucratives, mais qui sont presque des professions d'art et par cela seul ne sont ouvertes qu'à une élite ; celles, par exemple, de
peintres sur porcelaine, de compositrices de
dessins pour châles et tentures, et de monteuses de guirlandes de fleurs, où les femmes
— quelques femmes — peuvent gagner
jusqu'à 8 francs par jour ; celle de typo-
graphe, qui exige du soin, de l'intelligence,

et où les plus actives, les plus robustes peuvent gagner environ 6 francs.

Une bonne fleuriste arrive à se faire, elle aussi, de 5 à 6 francs par jour, mais de tous les métiers qui emploient des femmes, c'est celui qui a les plus longs chômages, des chômages effrayants ; huit mois sur douze (1). Ou bien il faut gagner son année en quatre mois, ou bien il faut avoir un autre métier dans les doigts. De même pour les brodeuses et les plumassières ; le chômage est très long pour elles. Quand elles travaillent, elles font, avec peine, des journées de 5 francs ; si elles sont très habiles, il n'est pas impossible qu'elles aillent jusqu'à 6 francs.

Une bonne giletière ou culottière, cousant

---

1. Pour être tout à fait exact, il faut noter qu'un certain nombre d'ouvrières passent, suivant la saison, de la fleur à la plume, et de la plume à la fleur, ce qui réduit considérablement, en ce qui les concerne, la durée du chômage. Mais l'observation demeure vraie pour les fleuristes qui ne seraient que fleuristes.

à la machine, gagne environ 4 fr. 50 par jour. Les fleuristes en fleurs communes (n'était la morte-saison), les monteuses d'ombrelles et de parapluies, les brodeuses en armoiries, brodeuses ordinaires et raccommodeuses en tapisserie peuvent gagner environ 4 francs.

M. d'Haussonville évalue à 3 ou 4 francs le salaire des modistes; entre 4 et 5 francs le salaire des très bonnes couturières en robes; entre 2 fr. 50 et 3 francs celui de la grande masse des couturières aux pièces. Les brocheuses, les teinturières, les cartonnières (avec un chômage de huit mois), les brunisseuses, les polisseuses en bijoux, et les bonnes repasseuses gagnent 3 francs. Les corsetières, les savonneuses, les raccommodeuses de dentelles, les passementières (qui subissent quatre mois de morte-saison) ne gagnent guère plus de 2 fr. 75. Avec les brodeuses en tapisserie, les raccommodeuses de cachemi-

6.

res, les piqueuses de bottines, les couseuses, brodeuses et piqueuses de gants, les lingères, le salaire tombe à 2 francs par jour, et au-dessous.

Il y a des lingères — on les compterait — des lingères de fin, qui peuvent gagner de 3 à 4 francs. Plus couramment, elles gagnent de 2 francs à 2 fr. 50. Mais il y en a, et elles sont nombreuses, celles qui travaillent pour les maisons d'exportation, qui ne dépassent pas 1 fr. 75. Les peignoirs, camisoles et autres ajustements en linge que le Louvre et le Bon Marché vendent 2 fr. 75 ou 2 fr. 50 sont donnés à forfait à une entrepreneuse, qui touche 0 fr. 60, fait une partie de l'ouvrage et distribue le reste à des ouvrières, qui ne reçoivent d'elle que 0 fr. 50, la pièce. A deux peignoirs et demi, par jour — pour les faire, il faudra travailler d'arrache-pied et veiller avant dans la nuit — les malheureuses auront gagné 1 fr. 25. Mais la morte-saison les attend, comme les autres, et la moyenne de leur salaire s'abaisse, de ce chef, à 0 fr. 80 ou 0 fr. 90 par jour.

Quatre-vingt-dix centimes, c'est tout juste à quoi arrivera la couseuse de sacs, qui est, « le plus souvent, une ancienne lingère dont les yeux sont affaiblis par l'âge ou brûlés par le travail à la lumière ». Elle y arrivera, si elle coud six douzaines de sacs à trois sous la douzaine, et à condition qu'elle épuise l'effort que peut donner la bête humaine : seize heures de travail par journée. Moins de seize heures et ce ne sera plus que 75 centimes, que 60 centimes — strictement de quoi ne pas mourir, en se tuant.

De tous les chiffres qu'il a recueillis, M. d'Haussonville tire la conclusion que le salaire moyen des femmes, en France, oscille entre 2 et 3 fr., s'élevant rarement au-dessus de 2 fr. Ses recherches datent, à présent, de dix ans, de 1883. En 1847, selon

M. Jules Simon, le salaire moyen des femmes était, on s'en souvient, de 1 fr. 63. Considérant ces prix comme certains pour les périodes auxquelles ils se rapportent, nous nous en servirons comme de points de comparaison, nous nous en sommes servi comme de points de départ dans notre petite enquête personnelle.

Nous nous étions flatté trop vite d'en avoir tout à fait fini avec les chiffres. Ceux que nous avons donnés pour les salaires, à eux seuls et en eux-mêmes, ne signifient rien. Comme on ne travaille que pour vivre, il faut encore savoir ce que coûte la vie, simplifiée autant que possible et réduite au strict nécessaire. M. d'Haussonville, dans son livre *Misères et Remèdes*, évalue entre 850 et 1.200 francs le budget des dépenses d'une ouvrière parisienne, et il le décompose comme il suit :

Logement. . . . . de 100 à 150 fr.
Nourriture. . . . . de 550 à 750
Vêtements. . . . . de 100 à 150
Dépenses diverses (chauf-
    fage, éclairage, blan-
    chissage, menus plai-
    sirs). . . . . de 100 à 150
                    Total. . . de 850 à 1.200

Pour arriver à ces chiffres, qui représentent, d'après lui, le moins qu'on puisse dépenser, il faut, observe-t-il, un salaire variant de 2 fr. 75 à 4 francs par jour : « Au-dessous de 2 fr. 75, c'est la misère noire; au-dessus de 4 francs, c'est la vie assurée, toujours bien entendu pour un individu isolé, car, lorsqu'il s'agit d'un ménage, la dépense doit être augmentée d'environ moitié, et ensuite d'un tiers par tête d'enfant. »

Si, véritablement, ce chiffre de 850 francs était un minimum, au-dessous duquel on ne pourrait vivre à Paris, il n'y aurait pas besoin d'aller plus loin : de l'enquête que nous avons faite ressortirait cette conclusion désolante, que la grande majorité des ouvrières de l'aiguille ne gagnent pas de quoi vivre, par leur travail, et que, pour elles, « c'est la misère noire ». Avant d'accepter une telle conclusion, qui peut avoir, à première vue, le défaut d'être trop générale, nous avons cru prudent de la contrôler et nous l'avons fait, en dressant quelques monographies d'ouvrières parisiennes, dont nous garantissons la sincérité.

Première ouvrière. — L'année dernière, elle gagnait 3 fr. 75 par jour ; elle a eu 45 jours de chômage ; fêtes et dimanches, 80 jours, en tout 105 jours, où elle n'a pas travaillé. Il reste donc 260 jours de travail, à 3 fr. 75, soit 975 francs par an.

Voici maintenant le relevé de ses dépenses :

Nourriture par an.	670 fr.
Loyer.	150 »
Vêtements, robes, chapeaux. . .	110 »
Linge.	93 60
Souliers (3 paires).	23 »
Chauffage et éclairage.	12 65
Blanchissage.	66 »
Petits frais (gants, ombrelles, parapluies).	50 »
Ensemble. . .	1.115 25

Ce premier budget d'ouvrière est en déficit de 140 fr. 25.

Deuxième ouvrière. —Elle gagnait, l'année dernière, 3 francs par jour. Cinq mois de chômage (150 jours) plus 60 jours de fêtes et dimanches, en tout 210 jours chômés ; il reste 155 jours de travail. Gains de l'année : 465 francs.

Dépenses : 1 fr. 40 de nourriture par jour

(deux œufs, pot-au-feu, pain, vin). Pour l'année :

Nourriture. . . . . 511 fr.
Loyer. . . . . 120 »
Vêtements, robes, chapeaux. . . . 55 »
Linge. . . . . 33 »
Chaussures (trois paires). . . . . . 30 »
Eclairage, chauffage. . . . . 25 »
Blanchissage. . . . . 48 »
Petits frais, gants, etc. . . . . 40 »

Ensemble. . . . 862 fr.

Ce budget est en déficit de 397 francs.

Pour une troisième ouvrière, le gain annuel est de 821 fr. 75; les dépenses s'élèvent à 856 fr. 60; le déficit est de 34 fr. 85. Remarquez qu'il s'agit d'ouvrières gagnant toutes 3 francs ou plus de 3 francs par jour. En voici une, une première, qui gagne 7 fr. par jour. C'est la seule dont le budget se solde par un excédent. Il est vrai qu'il est

7

assez beau : 1.243 fr. 15. Cette année-là, elle n'a pas eu de chômage. Pour sa nourriture et son logement, elle ne dépensait pas plus que les précédentes; les dépenses un peu plus fortes sont celles qu'on pourrait dire de coquetterie ou de luxe (et cela précisément à cause de son rang dans la profession, parce que c'est une première). Vêtements, robes et chapeaux, 82 fr. 50; petits frais, gants, etc., 70 francs. Mais, de pareils salaires, une pareille économie et, par suite, de pareils budgets sont rares : saluons celui-là, nous ne le reverrons plus.

Et pourtant, que d'héroïsme, que d'efforts pour nouer les deux bouts ! Que de privations noblement supportées et de fierté dans la pauvreté ! On me permettra de citer ce fragment d'une lettre que je viens de recevoir.

« J'avais prié une vieille couturière de m'écrire ce que gagne une ouvrière et ce qu'il lui faut pour vivre. Elle a été toute sa vie une pauvre créature tirant le diable par la queue et, comme elle me disait à l'instant :

— Ah! quand j'étais jeune et forte, j'ai gagné 700 francs par an !

— Mais comment viviez-vous ?

— Ah! dame! *On ne mange pas à son apaisement!*

Elle est usée avant l'âge et a déjà deux fois failli mourir, depuis trois ans. Cette année, j'y allai, le jour de Noël, par la neige et la gelée. Elle avait une fluxion de poitrine, deux vésicatoires, et, sous les ardoises, dans son taudis glacé, il n'y avait pas de feu depuis cinq heures du soir, la veille. Il était neuf heures. Vous verrez, dans ses notes, que, ne comprenant pas ce que je lui demandais, elle a essayé de me prouver qu'en gagnant peu on pouvait encore s'en tirer et équilibrer la somme des recettes et celle des dépenses... »

En effet, elle l'a essayé. J'ai entre les mains ces notes, deux chiffons de papier couverts d'une écriture gauche et lourde. Je défie de les lire sans émotion. C'est toute une vie de peines et de luttes qu'elles évoquent, en leur naïveté. J'y mets seulement l'orthographe.

Une ouvrière chemisière gagne, par jour, 2 francs, sans chômage, 600 francs par an.

Elle a de loyer. . . . . Fr.	160	»
2 robes à 10 francs.	20	»
1 confection.	12	»
4 paires de chaussures à 5 fr. . . .	20	»
2 chapeaux à 3 fr.	6	»
3 chemises à 2 fr.	6	»
3 paires de bas à 1 fr.	3	»
2 camisoles à 2 fr.	4	»
4 mouchoirs à 50 centimes.	2	»
Draps (à diviser) par an.	3	»
4 serviettes à 0 fr. 75.	3	»

Éclairage.	10 »
Chauffage.	12 »
Etrennes pour la concierge.	5 »
2 petits tabliers noirs à 1 fr. 50. . .	3 »
1 jupon à 2 francs.	2 »
Total. . . . . .Fr.	$\overline{271}$ »

Reste, par jour, 0. 90 pour vivre :

Une livre de pain. . . . . .Fr.	0 20
Le matin, lait.	0 10
A midi, une côtelette.	0 25
Vin.	0 10
Charbon.	0 05
Légumes.	0 10
Beurre.	0 10
Ensemble. . . . . . . .Fr.	$\overline{0\ 90}$

Soit par an 329 francs (exactement
328 fr. 50). C'est un miracle, mais le budget
est en équilibre. Il en est encore de plus
humbles, de plus gênés, dans lesquels un
centime pèse plus encore.

Une ouvrière petite-main en confection, gagne, par jour, 1 fr. 25, ce qui fait par an 375 francs.

Loyer par an. . . . . .Fr.	100 »
1 robe à 5 fr.	5 »
1 fichu à 2 fr.	2 »
2 paires de bas à 0 fr. 65.	1 30
2 paires de chaussures à 4 fr. . . .	8 »
2 chemises à 1 fr. 25.	2 50
1 camisole à 1 fr. 25.	1 25
2 mouchoirs à 0 fr. 40.	0 80
2 serviettes à 40.	0 80
Éclairage par an.	4 »
Total. . . . . . .Fr.	125 65

Reste donc pour la nourriture, 250 francs, ce qui lui fait à manger par jour 0 fr. 65.

Le matin, lait. . . . . .Fr.	0 05
Pain (pour la journée).	0 20
A midi, boudin.	0 10

Pommes de terre frites.	0 05
Fromage.	0 10
Le soir, une saucisse.	0 10
Pommes de terre frites.	0 05
Ensemble. . . . . .Fr.	0 65

Et le budget est en équilibre. Oui, certes, en équilibre! Mais vienne l'hiver, c'est le froid; le chômage, c'est la faim; la maladie, c'est la mort. Voilà tout de même à quoi se résignent les saintes, celles qui savent se résigner. Les autres, celles qui ne se résignent pas, ne font que choisir une autre misère.

MISÈRE MORALE DE L'OUVRIÈRE

J'ai dit que, pour un grand nombre d'ouvrières et par des causes dont quelques-unes
paraissent fatales, celles qui ne savent pas se
résigner à vivre de rien sont condamnées à
une autre misère. On devine aisément de
quelle autre misère je veux parler. Il s'agit
de toute cette série d'aventures et de chutes
dont la première est le concubinage, et la
prostitution la dernière ou l'avant-dernière
(la série, parfois, ne s'arrête qu'au crime) et
qui, comme une route honteuse et doulou-

reuse, a pour première étape quelque hôtel meublé et pour dernier gîte l'hôpital, à moins que ce ne soit la prison.

J'ai tenu à me renseigner et à savoir si le mal est réellement aussi profond que certains moralistes s'en sont plaints. J'ai interrogé diverses personnes parmi celles qui, par profession, arrachent des aveux ou entendent des confidences : des juges d'instruction, des prêtres, des fonctionnaires de l'Assistance publique et de la police, d'anciens patrons, de vieilles ouvrières. Une promenade dans trois ou quatre quartiers, aux heures où les ateliers se vident, a confirmé et complété les témoignages reçus, en me donnant la vue directe et comme l'impression aiguë du mal. On en rapporterait, si l'on avait le talent et le courage de l'écrire, toute une physiologie de la misère matérielle et de la misère morale chez l'ouvrière parisienne.

Un juge d'instruction, très fin et très sagace

7.

observateur, ayant derrière lui vingt ans
d'expérience (qui sont aussi vingt ans de charité) l'analyse ainsi, cette misère morale.
L'ouvrière est jeune, libre, peu instruite,
peu réfléchie, et demeure loin de l'atelier.
Elle part de chez elle avant le jour, y retourne
après la nuit tombée, à pied, par les rues dé-
sertes ou à travers la foule, ce qui n'est pas
moins dangereux. Elle vient et s'en retourne
toute seule, ou pis encore, avec des cama-
rades. Les tentations ne lui manquent pas :
c'est une robe qu'a une telle, un bijou que
lui montre une autre. Elle qui gagne à peine
de quoi se nourrir, qui déjeune à midi si
maigrement et si hâtivement, ployée en deux
sur son travail, elle a un rêve : pouvoir
manger, comme celle-ci ou celle-là, au restaurant, dans la salle commune du marchand
de vin d'en face, qu'elle se représente comme
un lieu de délices. Dès qu'elle aura devant
elle quelques sous, elle ira. Dès qu'elle y

sera allée, elle ne pourra plus s'en passer, par vanité et par plaisir.

Un jour qui ne tardera pas, elle y rencontrera un galant de sa classe, un ouvrier comme elle, Lon garçon, prompt aux entreprises. Elle résistera de son mieux, mais toutes sortes de raisons font que son mieux n'est pas le bien. Elle est pauvre d'abord, et puis elle est coquette : elle a l'esprit très éveillé; quelque chose à la fois du gamin et de la femme. Elle a la curiosité de savoir et la convoitise d'avoir : une bagatelle, un colifichet, un ruban. Elle ne peut s'en taire et le conseil des plus expertes vient à point. « Qu'elle est sotte ! Elle voudrait cela : quoi de plus facile ? Elle n'a qu'à se le faire offrir. Pour ce qui lui sera demandé en échange, qu'est-ce donc ? D'ailleurs, qui le saura ? Tous ses scrupules ? des bêtises ! »

Peu à peu, la conscience s'endort et presque se dissout à cette « blague » faubourienne qui mord comme un acide. La petite ouvrière cède, un soir. Elle se glisse, par la porte entr'ouverte, dans l'obscure allée d'une maison louche. Il y en a de ces maisons, plein des ruelles entières, à deux pas des ateliers, dans le cœur de Paris : de ces garnis à tout faire, qui n'ont d'honnête que l'enseigne — et encore ! Elle n'en sortira pas. Ce qui peut lui arriver de plus heureux, c'est ce qu'on appelle un « collage ». En règle générale, le séducteur n'est pas de ces « bourgeois libidineux » que, depuis Proud'hon, les socialistes aiment à charger de tous les vices. Non pas que le bourgeois en soit incapable, mais c'est un fait que, le plus souvent, l'ouvrière tombe par l'ouvrier. Le juge d'instruction que je cite en faisait la remarque : Il n'est pas d'ouvrier qui n'attaque l'ouvrière ; il n'en est pas qui la défende. Même en famille, elle n'a ni père, ni frère. Ils sont las de leur journée et ne la vont pas chercher. Alors, et jusqu'à ce qu'il vienne un enfant, elle travaillant, lui travaillant, la vie est supportable. Au premier enfant, il la bat, au deuxième, il la quitte, — ce n'est pas l'exception, c'est la règle. Les exemples abondent à ce point que la somme en est effrayante.

Et cependant il faut du pain. De chute en chute, l'abandonnée ne s'arrêtera plus. Chaque jour de misère amènera pour elle une nuit de misère. Elle commencera par garder une espèce de pudeur étrange : elle fera une longue route pour éviter d'être vue par les voisins et chassera au passant dans un autre quartier. Enfin, cette lueur s'éteindra à son tour, elle cessera de travailler et ce sera l'abîme, c'est-à-dire le ruisseau. Voilà un tableau assez noir ; il en est, sans doute, de moins désolants, mais qui sont encore d'un gris sombre. On sait avec quel soin, au cours de cette enquête, nous nous sommes mis en garde contre les mots : il n'y a pas, ici, un mot qui soit de trop, ni qui dise trop. Tout ce qu'on vient de lire, on le retrouvera, quand on voudra, dans des dossiers où gît une histoire de malheur lamentablement vraie.

Prêtres, fonctionnaires et patrons m'ont dit la même chose que le juge d'instruction. De vieilles ouvrières m'ont dit la même chose.

Modistes ou couturières, elles connaissent à fond leur métier. Pour les couturières, la misère morale, comme l'autre, est pire que pour les modistes.

Il faut les voir, de midi à une heure, aller et venir tristement de l'atelier à la gargote et de la gargote à l'atelier. Elles passent, rapides et bruyantes, en leurs pauvres robes froissées, l'éternelle aiguille piquée au corsage, avec un bout de fil tordu en serpentin, attentives à ne point allonger d'une minute l'heure ou la demi-heure avarement mesurée. Ne vous laissez pas prendre aux éclats de cette fausse gaieté, à ce rire nerveux, qui est comme une convulsion d'âmes malades. Souvenez-vous plutôt du mot profond et touchant du poète : *Joie de rue, douleur de maison!*

Vienne l'occasion de se perdre, elles sont perdues : et cette occasion s'offre à elles au moins une fois par jour. Où donc? Elles le disent elles-mêmes : à la gargote!

J'ai voulu savoir ce que c'était que la gargote et si, moralement, l'on ne m'en avait pas dit trop de mal. Dans le Paris des élégances, à cent pas de la Madeleine, une boutique peinte en rouge vif. Une première salle où trône, devant le zinc luisant du comptoir, un gros homme à la voix enrouée et à la mine apoplectique ; dans le fond, une deuxième salle, toute pleine d'un fracas de

verres et de bouteilles. Il en sort une fumée
âcre où le graillon se mêle à la pipe, une
buée épaisse et bleuâtre qui, dès l'entrée,
empuantit. Par l'étroit escalier en limaçon,
je suis monté à l'entresol, et je me suis assis
à une petite table où plusieurs couverts
étaient mis. Quelques minutes après que
j'étais là, des ouvrières sont arrivées et, du
même ton monotone et lassé, ont commandé
leur semblant de déjeuner..... Il y en a une,
une apprentie, qui a fait changer son morceau
de pain, parce qu'il coûtait trop cher : il était
de deux sous !... Mais si elles mangent ou si
elles ne mangent pas, ce n'est rien ou c'est
peu encore. Le pire poison, à la gargote, ne
tombe pas dans l'estomac. Ici, en cette espèce
de salon réservé, il n'y avait pas de maçons
ou de charpentiers, comme en bas. Il n'y
avait que des messieurs, quels messieurs !
J'étais un étranger, un inconnu, l'ennemi,
— la police peut-être ! On m'a regardé, on

s'est tu. Mais j'ai entendu dans ce silence, et j'en sais trop, maintenant, sur la gargote !

La modiste est plus fortunée, mieux vêtue, et elle a la table, par surcroît.

Pour le vice même, elle est mieux ornée, mieux parée. Elle a la fanfreluche qui, de charmante, la fait jolie. La faim ne la pousse pas et elle attend. Tout en attendant, elle calcule... ce sera trois cents francs par mois, un appartement et un mobilier. Ni perversité, ni passion. Une affaire et, pour ainsi dire, un « établissement. » Elle pique une liaison sur le train-train de sa vie, qu'elle n'interrompt pas, comme une fleur ou une plume sur un chapeau. Alors, elle « s'en moque », elle est « arrivée » !

Qu'on n'aille pas se figurer pourtant que tout est rose dans le métier. Les commencements sont difficiles, et entre le *modillon* et l'apprentie couturière la différence ne profite guère au *modillon* : elle n'est, elle, ni mieux payée, ni mieux vêtue, elle est à peine mieux nourrie que le *trottin* ; elle est exposée aux mêmes rencontres, qui présentent les mêmes dangers.

Et après que la modiste est « arrivée », quand elle a trouvé son appartement, son mobilier, ses trois cents francs par mois, est-elle sûre du lendemain ? Du lendemain, à peu près, mais non du surlendemain. Qu'elle conserve bien sa jeunesse, car la vieillesse est terrible pour elle. Elle a pour elle plus de cruauté que pour les autres femmes. A quarante ans, la modiste n'a plus d'idées ; elle n'est plus capable d'inventer de modèles (1). Le métier s'en va et, si l'amant s'en va, c'est la vie même qui s'en va ; d'écono-

---

1. Ce point, contesté par quelques témoins, est maintenu énergiquement par d'autres, plus nombreux et non moins désintéressés.

mies, il n'en faut point parler. On voit que le sort est médiocre et, quoique envié de beaucoup, peu enviable.

Mais une question se pose : à qui la faute ? Il semble bien que la modiste ne soit pas poussée à la misère morale par la misère matérielle, une fois, du moins, qu'elle sait et qu'elle exerce son métier. Nous avons entendu discuter là-dessus deux hommes fort au courant des choses et fort sceptiques tous deux. L'un d'eux disait : « Ce n'est pas l'insuffisance du salaire qui perd l'ouvrière parisienne, c'est le goût de la toilette, c'est la lecture des feuilletons, la promiscuité de l'atelier, la mauvaise tenue et le relâchement de la famille ; elle se corrompt par l'air ambiant. Elle gagnerait 6 francs, au lieu de gagner 1 fr. 50, qu'elle ne se corromprait pas moins vite. » L'autre proteste ; suivant lui, l'insuffisance du salaire n'est pas la seule cause, mais c'est la cause première et celle qui, somme toute, emporte les résistances, en colorant la chute d'une sorte de nécessité et presque de légitimité. Elle est le *puisque* souverain : « Puisque je ne gagne pas ma vie en travaillant, *je suis bien forcée* de la gagner autrement. »

Et maintenant, cette ouvrière, que tant d'influences funestes entraînent en bas, fait-on pour la sauver tout ce qu'on pourrait faire? On est obligé de reconnaître que la concurrence effrénée, qui est la loi du commerce moderne, rend malaisé d'améliorer sa situation économique, et, à plusieurs égards, la solution du problème est plus ardue que le cœur ne la souhaiterait. Mais le devoir de protection qui incombe un peu à tout le monde, cette protection ne fût-elle que négative et se bornât-elle à ne pas fournir au vice des prétextes ou des excuses, ce devoir-là, comment est-il rempli? Comment le remplissent les patronnes?

Modistes et couturières, s'expliquant là-dessus, ont de singulières hardiesses de langage. On veut du « document humain »; qu'on les écoute parler, on en aura, on le sentira sous chaque ligne. Et d'ailleurs, il est bon que l'on sache en dehors du monde ouvrier, ce que pense l'ouvrière et comment elle juge celles qui peuvent être portées à la juger trop sévèrement.

Elle n'épargne pas la patronne, mais ce serait elle, la petite patronne, qu'on plaindrait encore le plus, à qui l'on pardonnerait le plus, car c'est d'elle qu'on est le plus près. Et l'on devine ou l'on voit qu'elle a derrière elle toutes les exigences liguées du propriétaire inflexible, des fournisseurs parfois gênés eux-mêmes et des clientes fantasques, aisément tyranniques.

Elle n'épargne pas la « grande dame », qu'elle n'approche jamais que de loin, mais qu'elle croît connaître et qu'elle ne se retient guère de condamner. Elle se l'imagine frivole et légère, incapable de s'intéresser sérieusement à autre chose que la mode, les chiffons, le théâtre ; dévote sans doute, mais d'une dévotion mondaine ; poupée aux mains de son mari et de son confesseur, comme elle l'est entre ses mains, à elle ; assidue, le soir, au théâtre, autant que le matin à la messe ; soupant au cabaret et, pour le bon genre, affectant presque de mauvaises manières ; d'une autre classe, d'une autre race, celle des « mangeuses de pain gagné »... Chez la modiste et chez la couturière se rencontrent et s'entrechoquent deux mondes, et, dans « l'essayage » d'une jupe, s'aigrit et s'exaspère la question sociale. La « grande dame » aura dédaigné l'ouvrière, mais l'ouvrière aura toisé et méprisera ou détestera la « grande dame ».

« Mangeuse de pain gagné ! » dit la femme

qui se sent une bête de somme, de la femme qui lui apparaît comme une bête de luxe.

Quelle que soit la forme personnelle, l'expression que revête l'idée, elle n'en est pas moins curieuse, comme indication de tout un état d'esprit. De quelque image qu'elle se soit servie, l'ouvrière, prise pour type de toute sa classe, y a mis le fond de la pensée de toute sa classe. Ce n'est pas, nous en sommes sûr, juste d'une justice absolue. Toutes les « grandes dames », toutes les « bourgeoises », toutes les patronnes ne méritent pas le reproche. Mais toutes les ouvrières, non plus, ne sont pas des filles à perdre et que rien ne peut sauver. Essaye-t-on assez de les sauver, et l'essaye-t-on tandis qu'il en est temps? N'a-t-on, en l'essayant, d'autre préoccupation que de les sauver ?

Pendant longtemps, les socialistes ont professé le plus parfait mépris envers les ouvrières : « La femme, disaient-ils, n'est pas suffisamment intelligente pour se défendre. » Mais les philosophes, et même des philosophes du parti, se sont inscrits en faux contre cette sentence aussi sommaire qu'intéressée. On est, à présent, plus aimable dans le camp ennemi, et, loin de repousser les femmes, on fait le plus qu'on peut de recrues parmi elles. Ne laissons pas l'ouvrière en proie à une misère que nous ne savons pas secourir. Sinon, le socialisme la prendra. Et quand il aura l'ouvrière, nous ne pourrons même plus tenter de lui disputer l'ouvrier.

Plus d'une fois, au cours de ces études, on a paru s'étonner que nous ayons pu toucher à tant de misères, et de toute sorte, sans jeter un cri de pitié. On nous a presque reproché d'en tenir froidement la comptabilité, indifférent comme un greffier qui enregistre de la même plume acquittements et condamnations. Mais le médecin, aussi, a l'air indifférent en présence de certaines maladies qu'il ne sait trop comment combattre et qu'il est sûr de ne pas vaincre. C'est que, dès le premier de nos articles, nous pensions que

8

celui-ci, que le dernier viendrait et qu'il faudrait conclure — et que ce serait très difficile.

Trouver le moyen de guérir une plaie sociale ! Mais savons-nous seulement ce qu'est la société ? Si c'est, comme nous le croyons, un fait de nature, la société est soumise aux lois naturelles et peut-être que la souffrance est une de ces lois, peut-être que la misère est une infirmité du corps social. En ce cas, nous ne serions devant elle que des médecins impuissants et notre impuissance excuserait notre apparente indifférence. Même une opération chirurgicale, une amputation même ne donnerait pas aux sociétés malades une florissante et opulente santé ; et l'on voit bien que les révolutions ont été vaines, que leur plus grand effet est de nous faire changer de pauvres, mais qu'il y a des pauvres après elles ainsi qu'il y en avait avant elles, et que la parole divine est vraie, quoique désolante :

« Il y aura toujours des pauvres parmi vous. »

Cependant, s'il nous est interdit d'espérer que nous corrigerons la nature et que nous referons la société, il nous est commandé de ne point aggraver par des maux artificiels, qui ne sont imputables qu'à nous, les maux naturels de la société et d'y apporter, quand nous le pouvons, un remède ou, à défaut de remède, un soulagement. Qu'il y ait — et il y en a — des injustices dans la société, cela ne dispense pas les hommes de la justice, car, ici, il s'agit de justice et non pas tout simplement de charité.

Le principe, c'est qu'il n'y a pas de panacée et qu'il est inutile d'attendre le coup de baguette de la fée qui transformera le monde ; c'est qu'on ne peut chercher que des adoucissements à toutes ces misères et qu'il faut, pour chaque misère, chercher l'adoucissement qui convient. Ceux d'entre nous qui comprennent leur devoir en trouveront le secret dans leur cœur. Mais qu'ils ne se laissent pas égarer par l'ardeur de faire tout le bien d'un seul coup et n'entreprennent pas l'impossible. Le possible est déjà très vaste.

Reprenons point par point. Le premier mal dont souffrent et se plaignent les ouvrières de l'aiguille, c'est l'extrême inégalité du temps de travail. Tantôt des journées de quinze heures, tantôt des journées de quatre à cinq heures, et, pendant de longs mois, le chômage absolu. Contre ce mal évident, rien à faire, que de changer la mode et les mœurs. On se rappelle quelles sont, en ce qui concerne la veillée, les dispositions de la loi du 2 novembre 1892. Les patrons et patronnes, après ne les avoir acceptées qu'avec peine, semblaient avoir fini par s'y ranger; mais, à présent, un revirement se dessine; il paraît reconnu que la veillée est nécessaire et que quelques industries ne sauraient s'en passer.

Tout au moins peut-on exiger que la veillée
ne soit permise que dans certains cas, en de
certaines limites et sous de certaines conditions.

Ce qui la rendait, telle qu'on l'avait prati-
quée jusqu'ici, particulièrement pénible,
c'est qu'elle faisait corps avec la journée,
sans interruption ou bien avec l'interruption,
fort insuffisante, d'un quart d'heure ; les ouvrières n'avaient que le temps de manger, à
la hâte et dans l'atelier même, un peu de pain
et de charcuterie que l'une d'elles allait chercher.

Puisqu'on ne peut tout à fait supprimer la
veillée, qu'on la tolère donc, mais qu'on dise :
les ouvrières auront une heure pour prendre
leur repas. Le mieux serait que les couturières fussent nourries chez la patronne, et
pourquoi pas ? Beaucoup de modistes le sont
bien. Mais c'est affaire entre les patronnes et
les ouvrières. Qu'on les nourrisse ou qu'on

8.

leur donne de quoi se nourrir, il faut que les ouvrières aient le temps et le moyen de manger, le soir, quand elles veillent.

A cette condition, la loi admettrait la veillée, qu'il ne dépend pas d'elle de supprimer en fait. Mais la suppression de la veillée, qui ne dépend pas de la loi, dépend un peu de tout le monde; tout le monde doit en être convaincu : *le sort de la femme qui travaille est dans les mains de celle qui fait travailler.* C'est par en haut qu'il faut commencer la réforme. La veillée est un très grand mal, et en elle-même, et par ses suites presque fatales. Que les femmes qui font travailler n'attendent pas, pour faire leurs commandes, à la dernière minute : elles ne prolongeront pas de plusieurs heures la journée, déjà si pesante, de l'ouvrière. — Vous cherchez, mesdames, une bonne œuvre à faire. Voici la plus urgente de toutes. Faites aux ouvrières le sacrifice d'un caprice : vous leur

ferez l'aumône de la santé. Tuez ce qui les
tue : la veillée. Pour le chômage, qui en est
la contre-partie, peut-être sera-t-il un peu
atteint, en même temps : l'ouvrage, restant
le même, se répartira mieux. Contre cet autre
mal, contre le chômage, on peut essayer de
défendre l'ouvrière, en organisant ou en dé-
veloppant *l'assistance par le travail*. Ne pas
oublier toutefois que cette assistance ne doit
être que temporaire, sous peine d'aller contre
le but, d'augmenter le mal et de faire naître
une concurrence au rabais, dont l'ouvrière
serait la pire victime, tant les questions sociales sont complexes et fécondes en inci-
dences, en répercussions imprévues.

A ne considérer que les salaires, généralement insuffisants, la concurrence, c'est l'ennemi. N'allons pas croire que les patrons
soient aveugles ou insensibles ; il est aisé de
le prétendre et de déchaîner « la guerre des
classes », qui ne profitera à personne, si ce

n'est aux généraux d'aventure qui la mènent. Mais, eux non plus, les patrons ne font pas ce qu'ils veulent; eux aussi, ils luttent pour la vie; ils ne commandent pas, ils suivent. Il n'y a pas deux mois que je causais avec l'un d'entre eux, sincèrement ému de ne payer à une ouvrière que *dix-huit* centimes de façon pour un pantalon de toile. « Mais, que voulez-vous? disait-il, je ne puis pas faire autrement. Le jour où je payerais davantage, je n'aurais plus qu'à fermer boutique. La concurrence m'étranglerait » C'est le mot propre. La concurrence étrangle l'ouvrière, et non seulement la concurrence entre patrons, mais celle que se font les ouvrières entre elles. J'insiste là-dessus : comme il n'est pas de limites à la misère, on trouve toujours une malheureuse qui travaillera à plus bas prix qu'une moins malheureuse qu'elle-même, et l'on ne saurait, par conséquent, fixer un minimum pour le salaire, avant d'avoir, au préalable, imposé une borne au besoin. Du reste, ce minimum, qui le fixerait? L'Etat? Alors, sans doute, cette étrangleuse, la concurrence, serait étranglée à son tour, mais le commerce et le travail même seraient pris dans le même lacet.

Il y aurait bien, d'autre part, un remède ou un adoucissement : la participation aux bénéfices. Elle n'est pas inconnue, même dans les métiers de l'aiguille, mais elle y est encore extrêmement rare. On cite et je pourrais citer une grande maison de modes parisienne qui, cette année, a distribué 110.000 francs, à titre de participation aux bénéfices. L'exemple est très intéressant, mais, malheureusement, il prouve peu et ne résout rien ; d'abord, parce que les modistes sont de beaucoup les plus rétribuées des ouvrières, et surtout les modistes qui travaillent dans cette maison ; ensuite, parce que la répartition des bénéces (et c'est la seule base qu'on puisse pren-

dre) est faite en raison du grade, de l'importance et de l'ancienneté des services ; de
sorte que les vendeuses, les employées
reçoivent de belles sommes et les ouvrières,
infiniment moins : une première a reçu, à
elle seule, 16.000 francs, mais j'imagine que
le pauvre modillon n'a reçu qu'un petit
cadeau. C'est, à coup sûr, on ne le conteste
pas, de la générosité et de la justice, et pourtant n'a-t-on pas le droit de dire qu'il devrait
y avoir quelque chose de plus juste que cette
justice ? Mais que pourra-t-on dire, si l'on
songe non plus à ces modistes, qui sont les
reines du Paris ouvrier, et si l'on rencontre
dans la rue, grelottante et serrant dans un
papier graisseux un sou de pommes de terre
frites, la chemisière à 40 sous par jour ou
« la petite main » à 300 francs par an ?

Le voilà, le cercle de douleur, voilà l'enfer dont on ne sait comment briser les portes.
Et c'est ici que le cercle se double et que sur

la misère matérielle vient se greffer la misère
morale. La faim n'en est pas la seule cause,
mais elle en est la première cause. Pour la
combattre efficacement, cette misère, il faudrait d'abord combattre la faim, et puis la
coquetterie, vaincre dans l'ouvrière l'animal
humain et la femme. Il faudrait chasser
Paris de Paris, enlever à la rue toutes ses
tentations. A quinze ans, la rue attire l'ouvrière; à dix-huit ans, elle l'amuse; à vingt
ans, elle la dévore. Et les patrons se font souvent ses complices involontaires. L'apprentissage n'existe, pour ainsi dire, plus; les premières années se passent en courses chez les
clientes ou dans les magasins, et les pauvres
filles côtoient le précipice à chaque pas. C'est
bien assez qu'elles soient obligées de venir,
le matin, de fort loin et de retourner fort
loin, le soir; n'est-ce pas pécher que de les
rejeter à tout propos dans cette rue où elles
se perdent? Là, dans la rue, s'ébauche le

roman qui s'achève chez le marchand de vin.

« Ah! la gargote! » comme elles nous ont dit! Contre elle, au moins, nous ne sommes pas désarmés. On peut, dès maintenant, lui opposer les *Restaurants d'ouvrières*, qui rendent déjà les plus utiles services et qui interviendront plus utilement encore lorsqu'ils seront plus nombreux et surtout plus connus. Deux de ces restaurants fonctionnent avec succès, place du Marché-Saint-Honoré; un troisième vient de s'ouvrir, 47, rue de Richelieu. Les ouvrières y trouvent à bon compte une nourriture saine et bien préparée, une boisson non frelatée; elles y sont à l'abri des mauvaises rencontres, et c'est bénéfice, sous tous les rapports. L'œuvre est belle, pratique et digne de tous les encouragements.

Il en est de même des *Maisons de famille et de convalescence*. On nous vantait dernièrement les efforts faits pour la protection des ouvrières à Boston, à Chicago, à New-York, à Saint-Paul, à la Nouvelle-Orléans, dans vingt autres villes des États-Unis, et nous devons reconnaître qu'on a fait plus en Amérique que nous n'avons fait en France. Mais il n'est pas exact que nous n'ayons rien fait. Nous avons à Paris, dans le quartier du Gros-Caillou, 129, rue de l'Université, une *Maison de famille,* qui est l'équivalente du *Secours du voyageur*, de l'*Amie des travailleuses*, de la *Main tendue de la Nouvelle-Angleterre* et où les ouvrières sans famille peuvent prendre leur repas du soir et se loger à des prix très modiques, plus confortablement et plus sûrement qu'elles ne le pourraient au dehors, même en payant beaucoup plus cher. Tombent-elles malades, elles y sont soignées avec affection et intelligence; à demi rétablies, on les envoie, pour achever de se remettre, dans une maison spéciale dite maison de convalescence, à Héricy, sur la lisière de la forêt de Fontainebleau, ou dans une autre maison de campagne sise aux environs de Paris.

L'assistance par le travail, suprême res-source dans les mois de chômage, n'est pas à créer de toutes pièces; elle s'offre aux plus besoigneuses, soit à la maison de famille de la rue de l'Université, soit, avenue de Ver-sailles, dans l'*Hospitalité*, que dirige la sœur Saint-Antoine (1).

Et ce n'est pas la seule forme d'assistance qu'ait suscitée le sentiment du devoir so-cial. L'esprit de solidarité s'est joint à l'esprit de charité; il a compris ce qu'il avait de mieux à faire; il s'ingénie à le rendre utile. Nom-mons, entre les tentatives les plus louables, la *Mutualité maternelle*, fondée sous le patro-nage de Mme Carnot par les chambres syndi-cales de la confection et de la couture, des dentelles et broderies, de la passementerie, mercerie, boutons et rubans; la *Couturière*,

---

1. Voy. le nouvel ouvrage de M. le comte d'Haussonville : *Socialisme et Charité*, Calmann-Lévy, 1894.

société de secours mutuels et de prévoyance; la *Société mutuelle des enfants du département de la Seine*. La première a pour président honoraire M. Félix et la seconde pour président effectif M. G. Worth, avec M. Aine pour vice-président. Ils n'ont qu'à faire un signe et chaque année tous les partis politiques et toutes les classes sociales se trouvent unis, un jour, dans le même dévouement; M. Jules Simon, M. Burdeau, M. le comte de Mun apportent à l'ouvrière leur éloquence; les poètes, comme M. Fabié, lui apportent leurs vers; ceux qui n'ont pas mieux à donner ne refusent jamais d'apporter leur obole. Nommons encore, dans cette énumération trop rapide, l'*Union chrétienne des ateliers de femmes*, dont le siège est 25, rue de Maubeuge, à Paris.

J'ai gardé, pour la fin, l'œuvre la plus considérable, le *Syndicat de l'Aiguille*, syndicat mixte de patrons et d'ouvrières : couturières, modistes, lingères, etc... (1). Au printemps de 1893, le syndicat professionnel de l'*Aiguille* comptait environ quatre cents membres, ouvrières et employées, et une centaine de patronnes.

Les ouvrières y trouvaient deux avantages matériels principaux : un *bureau de placement* et une *caisse de prêts gratuits.* Quant aux avantages moraux, ils doivent être d'autant plus grands que le syndicat a pour but déclaré de restaurer l'amour et le respect de la profession et de faire, par là, de tout le métier, patrons et ouvrières, comme une même famille. Il a relevé la bannière et repris l'ancien blason des couturières et lin-

---

1. Je dis la plus considérable, quant à la variété des tâches que le *Syndicat de l'Aiguille* s'est données, et quant à leur importance sociale. A ne considérer que le nombre des adhérents ou adhérentes, l'*Aiguille* n'est pas, en effet, la principale de ces œuvres. La *Mutualité maternelle* et la *Couturière* passeraient avant elle. Sans prétendre d'ailleurs établir une hiérarchie, on peut dire hautement que toutes sont excellentes. Ici le mieux n'existe pas : il n'y a que le bien.

gères de Paris, avec la devise de Jeanne d'Arc : *Vive labeur !* Un homme grave avait proposé, mais d'autres hommes graves en ont eu peur, cette autre devise : « Piquante et attachante ! », ou cette troisième encore : « Bien taillé, mais il faut recoudre ! », qu'on a jugée tendancieuse. « Vive labeur ! » a réuni la majorité des suffrages. Ce n'est là que le côté extérieur, mais non négligeable, puisqu'il lui doit sa physionomie, du syndicat professionnel de l'*Aiguille*. Il est appelé, ce syndicat, s'il prospère et s'il persévère, à faire un bien immense, un bien social qui dépassera de beaucoup les cadres mêmes et les affaires courantes du métier.

Oui, certes, on a fait, en France, quelque chose pour les ouvrières, et, peut-être, les ouvrières ne se sont-elles pas toujours aidées elles-mêmes autant qu'on aurait voulu les aider. Elles ont eu d'abord envers les restaurants d'ouvrières, envers les maisons de famille, envers le syndicat professionnel de l'*Aiguille*, la même méfiance que les ouvriers envers les habitations ouvrières : elles ne veulent point être comme isolées, elles se servent d'un mot plus dur, elles disent : parquées. En outre, le caractère franchement religieux de quelques-unes de ces œuvres les inquiétait ; elles avaient peur que, dans un camp, on n'essayât de les accaparer et que, dans l'autre, on ne se moquât d'elles. Assurément, il y a des œuvres catholiques, comme il y en a de protestantes et d'israélites, comme il y en a de parfaitement neutres, indifférentes à toutes les confessions. Mais qu'importe ce qu'elles sont, s'il en sort un apaisement, une amélioration durable? qu'importe, si la plaie est pansée, que la main qui la panse soit celle d'une « bonne sœur » ou celle d'une infirmière laïque ?

Ce n'est pas trop de toutes les forces sociales pour enrayer une épidémie sociale ! On a longtemps parlé, en politique, de conciliation et de concentration. Faisons la conciliation dans la justice et dans la charité, la concentration contre la misère. Soyons à la fois hardis et prudents, afin de ne pas aggraver inconsidérément un mal que nous désirons atténuer et de n'en pas produire un autre à côté. Il n'y a pas de révolution à faire, il y a une révolution à empêcher. Employons-y toutes les bonnes volontés. Soutenons et multiplions ces institutions de réparation, de préservation sociales, nées de libres initiatives, qui sont aux révolutions ce que le vaccin est à la variole ou à la rage. Et s'il doit, malgré nos efforts, rester quand même des pauvres parmi nous, tâchons qu'il y en ait moins, et qu'ils soient moins pauvres. S'il reste, comme il en restera, dans la société, des inégalités qui ressemblent à des injustices, établissons bien, par des actes, que c'est la faute des choses et non la nôtre.

SECONDE PARTIE

NOTES & DOCUMENTS

DURÉE DU TRAVAIL ET SALAIRES

A

Loi sur le Travail des Enfants, des Filles mineures et des Femmes dans les Etablissements industriels.

Du 2 novembre 1892.

(Promulguée au *Journal officiel* du 3 novembre 1892.)

LE SÉNAT ET LA CHAMBRE DES DÉPUTÉS ONT ADOPTÉ,

LE PRÉSIDENT DE LA RÉPUBLIQUE PROMULGUE LA LOI dont la teneur suit :

SECTION I

DISPOSITIONS GÉNÉRALES. — AGE D'ADMISSION. — DURÉE DU TRAVAIL.

ARTICLE PREMIER. — Le travail des enfants, des filles mineures et des femmes dans les usines, manufactures, mines, minières et carrières, chantiers, ateliers et leurs dépendances, de quelque nature que ce soit, publics ou privés, laïques ou religieux, même lorsque ces établissements ont un caractère d'enseignement professionnel ou de bienfaisance, est soumis aux obligations déterminées par la présente loi.

Toutes les dispositions de la présente loi s'appliquent aux étrangers travaillant dans les établissements ci-dessus désignés.

Sont exceptés les travaux effectués dans les établissements où ne sont employés que les membres de la famille sous l'autorité soit du père, soit de la mère, soit du tuteur.

Néanmoins, si le travail s'y fait à l'aide de chaudière à vapeur ou de moteur mécanique, ou si l'industrie exercée est classée au nombre des établissements dangereux ou insalubres, l'inspecteur aura le droit de prescrire les mesures de sécurité et de salubrité à prendre, conformément aux articles 12, 13 et 14.

2. Les enfants ne peuvent être employés par les patrons ni être admis dans les établissements énumérés dans l'article 1er avant l'âge de treize ans révolus.

Toutefois les enfants munis du certificat d'études primaires institué par la loi du 28 mars

1882 peuvent être employés à partir de l'âge de douze ans.

Aucun enfant âgé de moins de treize ans ne pourra être admis au travail dans les établissements ci-dessus visés, s'il n'est muni d'un certificat d'aptitude physique délivré, à titre gratuit, par l'un des médecins chargés de la surveillance du premier âge ou l'un des médecins inspecteurs des écoles, ou tout autre médecin chargé d'un service public, désigné par le préfet. Cet examen sera contradictoire, si les parents le réclament.

Les inspecteurs du travail pourront toujours requérir un examen médical de tous les enfants au-dessous de seize ans déjà admis dans les établissements susvisés, à l'effet de constater si le travail dont ils sont chargés excède leurs forces.

Dans ce cas, les inspecteurs auront le droit d'exiger leur renvoi de l'établissement sur l'avis conforme de l'un des médecins désignés au paragraphe 3 du présent article, et après examen contradictoire si les parents le réclament.

Dans les orphelinats et institutions de bienfaisance visés à l'article 1er, et dans lesquels l'instruction primaire est donnée, l'enseignement manuel ou professionnel, pour les enfants âgés de moins de treize ans, sauf pour les enfants àgés de douze ans, munis du certificat d'études primaires, ne pourra pas dépasser trois heures par jour.

3. Les enfants de l'un et de l'autre sexe âgés de moins de seize ans ne peuvent être employés à un travail effectif de plus de dix heures par jour.

Les jeunes ouvriers ou ouvrières de seize à dix-huit ans ne peuvent être employés à un travail effectif de plus de soixante heures par semaine, sans que le travail journalier puisse excéder onze heures.

Les filles au-dessus de dix-huit ans et les femmes ne peuvent être employées à un travail effectif de plus de onze heures par jour.

Les heures de travail ci-dessus indiquées seront coupées par un ou plusieurs repos dont la durée totale ne pourra être inférieure à une heure et pendant lesquels le travail sera interdit.

SECTION II

TRAVAIL DE NUIT. — REPOS HEBDOMADAIRE.

4. Les enfants âgés de moins de dix-huit ans, les filles mineures et les femmes ne peuvent être employés à aucun travail de nuit dans les établissements énumérés à l'article 1er.

Tout travail entre 9 heures du soir et 5 heures du matin est considéré comme travail de nuit ; toutefois le travail sera autorisé de 4 heures du matin à 10 heures du soir quand il sera réparti entre deux postes d'ouvriers ne travaillant pas plus de 9 heures chacun.

Le travail de chaque équipe sera coupé par un repos d'une heure au moins.

Il sera accordé, pour les femmes et les filles âgées de plus de dix-huit ans, à certaines industries qui seront déterminées par un règlement d'administration publique et dans les conditions d'application qui seront précisées dans ledit règlement, la faculté de prolonger le travail jusqu'à 11 heures du soir, à certaines époques de l'année, pendant une durée totale qui ne dépassera pas soixante jours. En aucun cas, la journée de travail effectif ne pourra être prolongée au delà de douze heures.

Il sera accordé à certaines industries, déterminées par un règlement d'administration publique, l'autorisation de déroger, d'une façon permanente, aux dispositions des paragraphes 1 et 2 du présent article, mais sans que le travail puisse, en aucun cas, dépasser sept heures par vingt-quatre heures.

Le même règlement pourra autoriser, pour

certaines industries, une dérogation temporaire aux dispositions précitées.

En outre, en cas de chômage résultant d'une interruption accidentelle ou de force majeure, l'interdiction ci-dessus peut, dans n'importe quelle industrie, être temporairement levée par l'inspecteur pour un délai déterminé.

5. Les enfants âgés de moins de dix-huit ans et les femmes de tout âge ne peuvent être employés, dans les établissements énumérés à l'article 1er, plus de six jours par semaine, ni les jours de fête reconnus par la loi, même pour rangement d'atelier.

Une affiche apposée dans les ateliers indiquera le jour adopté pour le repos hebdomadaire.

6. Néanmoins, dans les usines à feu continu, les femmes majeures et les enfants du sexe masculin peuvent être employés, tous les jours de la semaine, la nuit, aux travaux indispensables, sous la condition qu'ils auront au moins un jour de repos par semaine.

Les travaux tolérés et le laps de temps pendant lequel ils peuvent être exécutés seront déterminés par un règlement d'administration publique.

7. L'obligation du repos hebdomadaire et les restrictions relatives à la durée du travail peu-

vent être temporairement levées par l'inspecteur divisionnaire, pour les travailleurs visés à l'article 5, pour certaines industries à désigner par le susdit règlement d'administration publique.

8. Les enfants des deux sexes, âgés de moins de treize ans, ne peuvent être employés comme acteurs, figurants, etc., aux représentations données dans les théâtres et cafés-concerts sédentaires.

Le ministre de l'instruction publique et des beaux-arts, à Paris, et les préfets, dans les départements, pourront, exceptionnellement, autoriser l'emploi d'un ou plusieurs enfants dans les théâtres pour la représentation de pièces déterminées.

SECTION III

TRAVAUX SOUTERRAINS

9. Les filles et les femmes ne peuvent être admises dans les travaux souterrains des mines, minières et carrières.

Des règlements d'administration publique détermineront les conditions spéciales du travail des enfants de treize à dix-huit ans du sexe masculin, dans les travaux souterrains ci-dessus visés.

Dans les mines, spécialement désignées par des règlements d'administration publique comme exigeant, en raison de leurs conditions naturelles, une dérogation aux prescriptions du paragraphe 2 de l'article 4, ces règlements pourront permettre le travail des enfants à partir de 4 heures du matin et jusqu'à minuit, sous la condition expresse que les enfants ne soient pas assujettis à plus de huit heures de travail effectif ni à plus de dix heures de présence dans la mine, par vingt-quatre heures.

SECTION IV

SURVEILLANCE DES ENFANTS

10. Les maires sont tenus de délivrer gratuitement aux père, mère, tuteur ou patron, un livret sur lequel sont portés les nom et prénoms des enfants des deux sexes âgés de moins de dix-huit ans, la date, le lieu de leur naissance et leur domicile.

Si l'enfant a moins de treize ans, le livret devra mentionner qu'il est muni du certificat d'études primaires institué par la loi du 28 mars 1882.

Les chefs d'industrie ou patrons inscriront sur le livret la date de l'entrée dans l'atelier et celle de la sortie. Ils devront également tenir un registre sur lequel seront mentionnées toutes les indications insérées au présent article.

11. Les patrons ou chefs d'industrie et loueurs de force motrice sont tenus de faire afficher dans chaque atelier les dispositions de la présente loi, les règlements d'administration publique relatifs à son exécution et concernant plus spécialement leur industrie, ainsi que les adresses et les noms des inspecteurs de la circonscription.

Ils afficheront également les heures auxquelles commencera et finira le travail, ainsi que les heures et la durée des repos. Un duplicata de cette affiche sera envoyé à l'inspecteur ; un autre sera déposé à la mairie.

L'organisation de relais qui aurait pour effet de prolonger au delà de la limite légale la durée de la journée de travail est interdite pour les personnes protégées par la présente loi.

Dans toutes les salles de travail des ouvroirs, orphelinats, ateliers de charité ou de bienfaisance dépendant des établissements religieux ou laïques, sera placé **d'une** façon permanente un **tableau** indiquant, en caractères facilement lisibles, les conditions du travail des enfants telles qu'elles résultent des articles 2, 3, 4 et 5, et déterminant l'emploi de la journée, c'est-à-dire les heures du travail manuel, du repos, de l'étude et des repas. Ce tableau sera visé par l'inspecteur et revêtu de sa signature.

Un état nominatif complet des enfants élevés dans les établissements ci-dessus désignés, indiquant leurs nom et prénoms, la date et le lieu de leur naissance, et certifié conforme par les directeurs de ces établissements, sera remis tous les trois mois à l'inspecteur et fera mention de toutes les mutations survenues depuis la production du dernier état.

SECTION V

HYGIÈNE ET SÉCURITÉ DES TRAVAILLEURS

12. Les différents **genres** de travail présentant des causes de danger, ou excédant les forces, ou dangereux pour la moralité, qui seront interdits aux femmes, filles et enfants, seront

déterminés par des règlements d'administration publique.

13. Les femmes, filles et enfants ne peuvent être employés dans des établissements insalubres ou dangereux où l'ouvrier est exposé à des manipulations ou à des émanations préjudiciables à sa santé, que sous les conditions spéciales déterminées par des règlements d'administration publique pour chacune de ces catégories de travailleurs.

14. Les établissements visés dans l'article 1er et leurs dépendances doivent être tenus dans un état constant de propreté, convenablement éclairés et ventilés. Ils doivent présenter toutes les conditions de sécurité et de salubrité nécessaires à la santé du personnel.

Dans tout établissement contenant des appareils mécaniques, les roues, les courroies, les engrenages ou tout autre organe pouvant offrir une cause de danger seront séparés des ouvriers de telle manière que l'approche n'en soit possible que pour les besoins du service.

Les puits, trappes et ouvertures de descente doivent être clôturés.

15. Tout accident ayant occasionné une blessure à un ou plusieurs ouvriers, survenu dans un des établissements mentionnés à l'article 1er,

sera l'objet d'une déclaration par le chef de l'entreprise ou, à son défaut et en son absence, par son préposé.

Cette déclaration contiendra le nom et l'adresse des témoins de l'accident; elle sera faite dans les quarante-huit heures au maire de la commune, qui en dressera procès-verbal dans la forme à déterminer par un règlement d'administration publique. A cette déclaration sera joint, produit par le patron, un certificat du médecin indiquant l'état du blessé, les suites probables de l'accident et l'époque à laquelle il sera possible d'en connaître le résultat définitif.

Récépissé de la déclaration et du certificat médical sera remis, séance tenante, au déposant.

Avis de l'accident est donné immédiatement par le maire à l'inspecteur divisionnaire ou départemental.

16. Les patrons ou chefs d'établissements doivent, en outre, veiller au maintien des bonnes mœurs et à l'observation de la décence publique.

SECTION VI

INSPECTION

17. Les inspecteurs du travail sont chargés d'assurer l'exécution de la présente loi et de la loi du 9 septembre 1848.

Ils sont chargés en outre, concurremment avec les commissaires de police, de l'exécution de la loi du 7 décembre 1874 relative à la protection des enfants employés dans les professions ambulantes.

Toutefois, en ce qui concerne les exploitations de mines, minières et carrières, l'exécution de la loi est exclusivement confiée aux ingénieurs et contrôleurs des mines, qui, pour ce service, sont placés sous l'autorité du Ministre du Commerce et de l'Industrie.

18. Les inspecteurs du travail sont nommés par le Ministre du Commerce et de l'Industrie.

Ce service comprendra :

1° Des inspecteurs divisionnaires ;

2° Des inspecteurs ou inspectrices départementaux.

Un décret rendu après avis du comité des arts

et manufactures et de la commission supérieure du travail ci-dessous instituée déterminera les departements dans lesquels il y aura lieu de créer des inspecteurs départementaux. Il fixera le nombre, le traitement et les frais de tournée de ces inspecteurs.

Les inspecteurs ou inspectrices départementaux sont placés sous l'autorité de l'inspecpecteur divisionnaire.

Les inspecteurs du travail prêtent serment de ne point révéler les secrets de fabrication et, en général, les procédés d'exploitation dont ils pourraient prendre connaissance dans l'exercice de leurs fonctions.

Toute violation de ce serment est punie conformément à l'article 378 du Code pénal.

19. Désormais ne seront admissibles aux fonctions d'inspecteur divisionnaire ou départemental que les candidats ayant satisfait aux conditions et aux concours visés par l'article 22.

La nomination au poste d'inspecteur titulaire ne sera définitive qu'après un stage d'un an.

20. Les inspecteurs et inspectrices ont entrée dans tous les établissements visés par l'article 1er; ils peuvent se faire représenter le registre prescrit par l'article 10, les livrets, les règlements

intérieurs et, s'il y a lieu, le certificat d'aptitude physique mentionné à l'article 2.

Les contraventions sont constatées par les procès-verbaux des inspecteurs et inspectrices, qui font foi jusqu'à preuve contraire.

Ces procès-verbaux sont dressés en double exemplaire, dont l'un est envoyé au préfet du département et l'autre déposé au parquet.

Les dispositions ci-dessus ne dérogent point aux règles du droit commun, quant à la constatation et à la poursuite des infractions à la présente loi.

21. Les inspecteurs ont pour mission, en dehors de la surveillance qui leur est confiée, d'établir la statistique des conditions du travail industriel dans la région qu'ils sont chargés de surveiller.

Un rapport d'ensemble résumant ces communications sera publié tous les ans par les soins du Ministre du Commerce et de l'Industrie.

SECTION VII

COMMISSIONS SUPÉRIEURES ET DÉPARTEMENTALES

22. Une commission supérieure composée de neuf membres, dont les fonctions sont gratuites,

est établie auprès du Ministre du Commerce et de l'Industrie. Cette commission comprend deux sénateurs, deux députés élus par leurs collègues, et cinq membres nommés pour une période de quatre ans par le Président de la République.

Elle est chargée :

1° De veiller à l'application uniforme et vigilante de la présente loi ;

2° De donner son avis sur les règlements à faire et généralement sur les diverses questions intéressant les travailleurs protégés ;

3° Enfin, d'arrêter les conditions d'admissibilité des candidats à l'inspection divisionnaire et départementale et le programme du concours qu'ils devront subir.

Les inspecteurs divisionnaires nommés en vertu de la loi du 19 mai 1874, et actuellement en fonctions, seront répartis entre les divers postes d'inspecteurs divisionnaires et d'inspecteurs départementaux établis en exécution de la présente loi, sans être assujettis à subir le concours.

Les inspecteurs départementaux pourront être conservés sans subir un nouveau concours.

23. Chaque année, le président de la commission supérieure adresse au Président de la République un rapport général sur les résultats de

10

l'inspection et sur les faits relatifs à l'exécution de la présente loi.

Ce rapport doit être, dans le mois de son dépôt, publié au *Journal officiel*.

24. Les conseils généraux devront instituer une ou plusieurs commissions chargées de présenter, sur l'exécution de la loi et les améliorations dont elle serait susceptible, des rapports qui seront transmis au ministre et communiqués à la commission supérieure.

Les inspecteurs divisionnaires et départementaux, les président et vice-présidents du conseil de prud'hommes du chef-lieu ou du principal centre industriel du département et, s'il y a lieu, l'ingénieur des mines, font partie de droit de ces commissions dans leurs circonscriptions respectives.

Les commissions locales instituées par les articles 20, 21 et 22 de la loi du 19 mai 1874 sont abolies.

25. Il sera institué dans chaque département des comités de patronage ayant pour objet :

1° La protection des apprentis et des enfants employés dans l'industrie :

2° Le développement de leur instruction professionnelle.

Le conseil général, dans chaque départe-

ment, déterminera le nombre et la circonscription des comités de patronage, dont les statuts
seront approuvés dans le département de la
Seine par le Ministre de l'Intérieur et le Ministre
du Commerce et de l'Industrie, et par les préfets dans les autres départements.

Les comités de patronage seront administrés
par une commission composée de sept membres, dont quatre seront nommés par le conseil
général et trois par le préfet.

Ils sont renouvelables tous les trois ans. Les
membres sortants pourront être appelés de nouveau à en faire partie.

Leurs fonctions sont gratuites.

SECTION VIII

PÉNALITÉS

26. Les manufacturiers. directeurs ou gérants
d'établissements visés dans la présente loi qui
auront contrevenu aux prescriptions de ladite
loi et des règlements d'administration publique
relatifs à son exécution seront poursuivis devant le tribunal de simple police et passibles
d'une amende de 5 à 15 francs.

L'amende sera appliquée autant de fois qu'il y aura de personnes employées dans des conditions contraires à la présente loi.

Toutefois la peine ne sera pas applicable si l'infraction à la loi a été le résultat d'une erreur provenant de la production d'actes de naissance, livrets ou certificats contenant de fausses énonciations ou délivrés pour une autre personne.

Les chefs d'industrie seront civilement responsables des condamnations prononcées contre leurs directeurs ou gérants.

27. En cas de récidive, le contrevenant sera poursuivi devant le tribunal correctionnel et puni d'une amende de 16 à 100 francs.

Il y a récidive lorsque, dans les douze mois antérieurs au fait poursuivi, le contrevenant a déjà subi une condamnation pour une contravention identique.

En cas de pluralité de contraventions entraînant ces peines de la récidive, l'amende sera appliquée autant de fois qu'il aura été relevé de nouvelles contraventions.

Les tribunaux correctionnels pourront appliquer les dispositions de l'article 463 du Code pénal sur les circonstances atténuantes, sans qu'en aucun cas l'amende, pour chaque contravention, puisse être inférieure à cinq francs.

28. l.'affichage du jugement peut, suivant les circonstances et en cas de récidive seulement, être ordonné par le tribunal de police correctionnelle.

Le tribunal peut également ordonner, dans le même cas, l'insertion du jugement aux frais du contrevenant dans un ou plusieurs journaux du département.

29. Est puni d'une amende de cent à cinq cents francs quiconque aura mis obstacle à l'accomplissement des devoirs d'un inspecteur.

En cas de récidive, l'amende sera portée de cinq cents à mille francs.

L'article 463 du Code pénal est applicable aux condamnations prononcées en vertu de cet article.

SECTION IX

DISPOSITIONS SPÉCIALES

30. Les règlements d'administration publique nécessaires à l'application de la présente loi seront rendus après avis de la commission supérieure du travail et du comité consultatif des arts et manufactures.

10.

Le conseil général des mines sera appelé à donner son avis sur les règlements prévus en exécution de l'article 9.

31. Les dispositions de la présente loi sont applicables aux enfants placés en apprentissage et employés dans un des établissements visés à l'article 1er.

32. Les dispositions édictées par la présente loi ne seront applicables qu'à dater du 1er janvier 1893.

La loi du 19 mai 1874 et les règlements d'administration publique rendus en exécution de ses dispositions seront abrogés à la date sus-indiquée.

La présente loi, délibérée et adoptée par le Sénat et par la Chambre des députés, sera exécutée comme loi de l'État.

Fait à Paris, le 2 novembre 1892.

Signé : CARNOT

Le Garde des Sceaux,
Ministre de la Justice
et des Cultes,

Le Ministre du Commerce
et de l'Industrie,

Signé : JULES ROCHE

Signé : L. RICARD

B

DÉCRET DU 15 JUILLET 1893

PORTANT RÈGLEMENT D'ADMINISTRATION PUBLIQUE

Le Président de la République française,

Sur le rapport du Ministre du commerce, de l'industrie et des colonies ;

Vu les articles 4, 5, 6 et 7 de la loi du 2 novembre 1892, ainsi conçus :

« ART. 4. — Les enfants âgés de moins de dix-huit ans, les filles mineures et les femmes, ne peuvent être employés à aucun travail de nuit dans les établissements énumérés à l'article 1er.

« Tout travail entre 9 heures du soir et 5 heures du matin est considéré comme travail de nuit ; toutefois, le travail sera autorisé de 4 heures du matin à 10 heures du soir quand il sera réparti entre deux postes d'ouvriers ne travaillant pas plus de neuf heures chacun.

« Le travail de chaque équipe sera coupé par un repos d'une heure au moins.

« Il sera accordé, pour les femmes et les filles âgées de plus de dix-huit ans, à certaines indus-

tries qui seront déterminées par un règlement
d'administration publique et dans les conditions
d'application qui seront précisées dans ledit
règlement, la faculté de prolonger le travail
jusqu'à 11 heures du soir, à certaines époques
de l'année, pendant une durée totale qui ne dépassera pas soixante jours. En aucun cas, la
journée de travail effectif ne pourra être prolongée au delà de douze heures.

« Il sera accordé à certaines industries, déterminées par un règlement d'administration publique, l'autorisation de déroger d'une façon
permanente aux dispositions des paragraphes
1 et 2 du présidant article, mais sans que le
travail puisse, en aucun cas, dépasser sept heures par vingt-quatre heures.

« Le même règlement pourra autoriser, pour
certaines industries, une dérogation temporaire
aux dispositions précitées.

« En outre, en cas de chômage résultant d'une
interruption accidentelle ou de force majeure,
l'interdiction ci-dessus peut, dans n'importe
quelle industrie, être temporairement levée par
l'inspecteur pour un délai déterminé.

« ART. 5. — Les enfants âgés de moins de dix-
huit ans et les femmes de tout âge ne peuvent
être employés dans les établissements énumérés

à l'article 1er plus de six jours par semaine, ni les jours de fête reconnus par la loi, même pour rangement de l'atelier.

« Une affiche apposée dans les ateliers indiquera le jour adopté pour le repos hebdomadaire.

« ART. 6. — Néanmoins, dans les usines à feu continu, les femmes majeures et les enfants du sexe masculin peuvent être employés tous les jours de la semaine, la nuit, aux travaux indispensables, sous la condition qu'ils auront au moins un jour de repos par semaine.

« Les travaux tolérés et le laps de temps pendant lequel ils peuvent être exécutés seront déterminés par un règlement d'administration publique.

« ART. 7. — L'obligation du repos hebdomadaire et les restrictions relatives à la durée du travail peuvent être temporairement levées par l'inspecteur divisionnaire, pour les travailleurs visés à l'article 5, pour certaines industries à déterminer par un règlement d'administration publique. »

Vu l'avis du comité consultatif des arts et manufactures ;

Vu l'avis de la commission supérieure instituée par l'article 22 de la loi précitée ;

Le conseil d'État entendu,

Décrète :

ARTICLE PREMIER. — Dans les industries et aux époques ci-après déterminées, les femmes et les filles âgées de plus de dix-huit ans pourront être employées jusqu'à 11 heures du soir, sans qu'en aucun cas la durée du travail effectif puisse dépasser douze heures par vingt-quatre heures :

INDUSTRIES	ÉPOQUES DE L'ANNÉE
Ameublement, tapisserie, passementerie pour meubles.	Décembre, janvier.
Bijouterie et joaillerie. . . .	Décembre, mai.
Chapeaux (Confection de) en toutes matières pour hommes et femmes.	Février, mars.
Confections, couture et lingerie pour femmes et enfants.	Décembre, avril.
Confections pour hommes. .	Mars, octobre.
Dorure sur bois et sur métal pour ameublement. (Voir Ameublement.).	Février, mars.
Fleurs artificielles.	Novembre, décembre.
Fourrures (Confection des). .	
Imprimeries typographiques.	Du 15 novembre au 15 décembre et du 15 juin au 15 juil.

INDUSTRIES	ÉPOQUES DE L'ANNÉE
Imprimeries lithographiques.	Décembre, janvier.
Papier (Transformation du), fabrication des enveloppes, du cartonnage et des cahiers d'école, des registres, des papiers de fantaisie. .	Novembre, décembre.
Papiers de tenture.	Mars, septembre.
Plumes de parure.	Du 16 août au 15 octobre.
Reliure.	Décembre, juillet.
Tabletterie et industries qui s'y rattachent.	Novembre, décembre.
Teinture, apprêt, blanchiment, impression, gaufrage et moirage des étoffes. . .	Avril, octobre.
Tissage des étoffes de nouveauté destinées à l'habillement.	Du 15 avril au 15 mai et du 15 octobre au 15 novembre.
Tulles, dentelles et laizes de soie.	Du 1er février au 31 mars.

Art. 2. — Il pourra être dérogé d'une façon permanente aux dispositions des paragraphes 1 et 2 de l'article 4 précité, pour les industries et

les catégories de travailleurs énumérés ci-dessous, mais sans que le travail puisse dépasser sept heures par vingt-quatre heures :

INDUSTRIES	TRAVAILLEURS
Imprimés (Brochage des)... Journaux (Pliage des).... Mines (Allumage des lampes de).............	Filles majeures et femmes.

ART. 3. — Les industries énumérées ci-après sont autorisées à déroger temporairement aux dispositions relatives au travail de nuit, sans que le travail effectif des femmes, filles ou enfants employés la nuit puisse dépasser dix heures par vingt-quatre :

INDUSTRIES	DURÉE TOTALE des dérogations
Chapeaux (Confection de) en toutes matières pour hommes et femmes.....	30 jours.
Confections, couture et lingerie pour femmes et enfants............	Idem.
Confiserie...........	90 jours.

INDUSTRIES	DURÉE TOTALE des dérogations
Conserves alimentaires de fruits et de légumes. . . .	90 jours.
Conserves de poissons. . . .	Idem.
Délainage des peaux de mouton	60 jours.
Fleurs artificielles.	30 jours.
Fourrures (Confection des).	Idem.
Imprimeries typographiques.	30 jours.
Imprimeries lithographiques.	Idem.
Parfum des fleurs (Extraction).	90 jours.
Pâtes alimentaires	30 jours.
Plumes de parure.	Idem.
Réparations urgentes de navires et machines motrices.	120 jours (enfants au-dessus de 16 ans).
Tonnellerie pour l'embarillage des produits de la pêche.	90 jours.

Art. 4. — Dans les usines à feu continu où des femmes majeures et des enfants du sexe masculin sont employés la nuit, les travaux tolérés pour ces deux catégories de travailleurs sont les suivants :

11

USINES A FEU CONTINU	TRAVAILLEURS	TRAVAUX TOLÉRÉS
Distilleries de betteraves.	Enfants et femmes......	Laver, peser, trier la betterave, manœuvrer les robinets à jus et à eau, aider aux batteries de diffusion et aux appareils distillatoires.
Fer et fonte émaillés (Fabriques d'objets en).	Enfants.....	Manœuvrer à distance les portes des fours.
Huiles (Usines pour l'extraction des).	Enfants.....	Remplir les sacs, les secouer après pressage, porter les sacs vides et les claies.
Papeteries..........	Enfants et femmes......	Aider les surveillants de machines, couper, trier, ranger, rouler et apprêter le papier.
Sucres (Fabriques et raffineries de).	Enfants et femmes......	Laver, peser, trier la betterave, manœuvrer les robinets à jus et à eau, surveiller les filtres, aider aux batteries de diffusion, coudre des toiles, laver des appareils et des ateliers, travailler le sucre en tablettes.
Usines métallurgiques..	Enfants.....	Aider à la préparation des lits de fusion, aux travaux accessoires d'affinage, de laminage, de martelage et de tréfilage, de préparation des moules pour objets de fonte moulée, de rangement des paquets, des feuilles, des tubes et des fils.
Verreries..........	Enfants.....	Présenter les outils, faire les premiers cueillages, aider au soufflage et au moulage, porter dans les fours à recuire, en retirer les objets, le tout dans les conditions prévues à l'article 7 du décret du 13 mai 1893.

Lorsque les femmes majeures et les enfants sont employés toute la nuit, leur travail doit être coupé par des intervalles de repos représentant un temps total de repos au moins égal à deux heures.

La durée du travail effectif ne peut d'ailleurs dépasser, dans les vingt-quatre heures, dix heures pour les femmes et les enfants.

ART. 5. — Les industries pour lesquelles l'obligation du repos hebdomadaire et les restrictions relatives à la durée du travail pourront être temporairement levées par l'inspecteur divisionnaire, pour les enfants âgés de moins de dix-huit ans et les femmes de tout âge, sont les suivantes :

Briqueteries en plein air;

Chapeaux (Confection de) en toutes matières pour hommes et femmes ;

Corsets (Confection de);

Confections, couture et lingerie pour femmes et enfants;

Conserves de fruits et confiseries; conserves de légumes et de poissons;

Corderie en plein air;

Délainage des peaux de mouton :

Fleurs artificielles ;

Fleurs (Extraction des parfums des);

Fourrures (Confection des);

Imprimeries typographiques ;

Imprimeries lithographiques;

Plumes de parure;

Réparations urgentes de navires et de machines motrices;

Teinture, apprêt, blanchiment, impression, gaufrage et moirage des étoffes;

Tissage des étoffes de nouveauté destinées à l'habillement.

ART. 6. — Chaque fois que les chefs des industries dénommées à l'article 3 voudront faire usage de la faculté inscrite audit article, ils devront en donner avis douze heures à l'avance à l'inspecteur ou à l'inspectrice et au maire de la commune.

Cet avis fera connaître la date à laquelle commencera et le temps que devra durer la dérogation.

Une copie de l'avis sera immédiatement affichée dans un endroit apparent des ateliers et y restera apposée pendant toute la durée de la dérogation.

Une copie de l'autorisation sera également affichée dans les cas prévus par l'article 5.

ART. 7. — Le Ministre du commerce, de l'industrie et des colonies est chargé de l'exécution du présent décret, qui sera inséré au *Bulletin des lois* et publié au *Journal officiel* de la République française.

Fait à Paris, le 15 juillet 1893.

CARNOT.

Par le Président de la République :

Le Ministre du commerce, de l'industrie et des colonies,

TERRIER.

C

TABLEAUX DES HEURES DE TRAVAIL

DANS DIFFÉRENTS ATELIERS

Les trois tableaux qui suivent ne représentent pas des moyennes. Ils ont été dressés d'après les cahiers d'heures, où trois ouvrières, prises dans trois ateliers différents, ont, au jour le jour, inscrit leur temps de travail. Il importe de remarquer pourtant que ces ouvrières ont été choisies parmi celles de qualité moyenne, et que par conséquent, en fait, ces cahiers d'heures expriment, jusqu'à un certain point, une moyenne.

ATELIER A

JOURNÉES DE	AOUT 1890 A AOUT 1891	SEPTEMBRE 1891 AU 15 JUILLET 1892	OBSERVATIONS
0 heures	21 (1)	70 (2)	1. Voici le détail de ces 21 jours de non travail : octobre maladie 4 jours : janvier maladie 9 j. : juillet congé 3 jours : avril chômage 4 j.
1	0	0	
2	0	0	
3	0	0	
4	3	1	
5	2	0	
6	8	0	
6 1/2	0	2	
7	9	2	
7 1/2	0	5	
8	5	3	
8 1/2	0	23	2. Voici le détail de ces 70 jours : Janvier chômage 26 jours : juin-juillet 44 jours.
9	7	10	
9 1/2	24	4	
10	96	70	
10 1/2	3	1	
11	10	3	
11 1/2	7	37	
12	30	0	
12 1/2	59	65	
13	8	5	
13 1 2	8	6	
14	7	1	
14 1/2	0	0	
15	1	1	
15 1/2	0	0	
16	1	0	
16 1/2	0	0.	
17	0	0	
17 12	0	0	
18	0	0	
18 1/2	0	0	
19	0	0	
19 12	2	0	
20	0	0	
20 1 2	0	0	
21	0	0	
21 1/2	0	0	
22	0	0	
22 1/2	0	0	
23	0	0	
23 1 2	0	0	
24	0	0	

ATELIER B

JOURNÉES DE	18 FÉV. 1889 AU 15 FÉV. 1890	15 FÉV. 1890 A FIN DÉC. 1890
0 heures	30 (1)	28 (2)
1	0	0
2	0	0
3	0	0
4	0	0
4 1/2	0	0
5	0	0
5 1/2	0	0
6	0	0
6 1/2	0	0
7	31	22
7 1/2	8	0
8	12	2
8 1/2	1	0
9	0	3
9 1/2	6	0
10	116	115
10 1/2	0	0
11	2	0
11 1/2	0	0
12	12	92
12 1/2	65	0
13	16	5
13 1/2	0	0
14	0	3
14 1/2	0	0
15	0	0
15 1/2	0	0
16	0	1
16 1/2	0	0
17	0	0
17 1/2	0	0
18	0	0
18 1/2	0	0
19	0	0
19 1/2	0	0
20	4	2 (3)
20 1/2	0	0
21	0	0
21 1/2	0	0
22	0	0
22 1/2	0	0
23	0	0
23 1/2	0	
24	1 (4)	0

OBSERVATIONS

1. Voici le détail de ces 30 jours : Juillet, vacances 19 jours : octobre chômage 11 jours.

2. Voici le détail de ces 28 jours : Mai chômage 6 jours : Juillet 22 jours.

3. Il y a en note : *le dimanche.* Or, on nous fait observer (un patron) que les heures du dimanche étant comptées double, les 20 heures portées ici ne représentent en réalité que 10 heures de travail effectif.

4. Le dimanche, soit 12 heures de travail réel.

JOURNÉES DE	AOUT 1888 A AOUT 1889	AOUT 1889 A AOUT 1890
0 heures	23 (1)	27 (2)
1	0	0
2	0	0
3	0	0
4	1	1
5	1	0
5 1/2	0	0
6	2	0
6 1/2	0	0
7	1	5
7 1/2	0	0
8	9	15
8 1/2	0	0
9	24	14
9 1/2	0	29
10	105	72
10 1/2	6	7
11	7	4
11 1/2	35	34
12	12	42
12 1/2	43	52
13	7	3
13 1/2	7	4
14	14	3
14 1/2	0	0
15	6	1
15 1/2	0	0
16	3	0
16 1/2	0	0
17	0	0
17 1/2	0	0
18	0	1
18 1/2	0	0
19	0	0
19 1/2	0	0
20	0	0
20 1/2	0	0
21	0	0
21 1/2	0	0
22	0	0
22 1/2	0	0
23	0	0
23 1/2	0	0
24	0	0

ATELIER

OBSERVATIONS

—

1. Vacances du 6 au 29 juillet.

2. Vacances du 26 juin au 22 juillet.

C

JOURNÉES DE	18 AOUT 1890 A FIN AOUT 1891	AOUT 1891 A AOUT 1892	OBSERVATIONS
0 heures	54 (1)	62 (2)	1. Août 90, chômage 10 jours : Janvier, février, morte-saison 15 jours : Juillet, août 91 jours : chômage 29 jours.
1	0	0	
2	0	0	
3	0	0	
4	0	1	
5	3	2	
5 1/2	0	0	
6	1	1	
6 1/2	3	0	2. Août 91, chômage 16 jours : Novembre, absence 4 jours : Décembre, chômage 6 jours : Janvier, février, maladie 30 jours : Juillet, vacances 6 jours.
7	0	12	
7 1/2	10	0	
8	0	23	
8 1/2	1	0	
9	7	4	
9 1/2	9	9	
10	113	72	
10 1/2	0	0	
11	4	2	
11 1/2	4	37	
12	24	0	
12 1/2	66	63	
13	8	3	
13 1/2	1	4	
14	1	2	
14 1/2	0	0	
15	1	0	
15 1/2	0	0	
16	0	0	
16 1/2	0	0	
17	1	0	
17 1/2	0	0	
18	0	0	
18 1/2	0	0	
19	0	0	
19 1/2	0	0	
20	0	0	
20 1/2	0	0	
21	0	0	
21 1/2	0	0	
22	0	0	
22 1/2	0	0	
23	0	0	
23 1/2	0		
24	0	0	

D

EXTRAIT DE L'ENQUÊTE

DES DAMES PATRONNESSES

*de l'Œuvre des Cercles catholiques d'ouvriers
sur le travail des ouvrières*
(1888)

I

QUESTIONNAIRE

1° A quelle heure commence le travail?
2° A quelle heure l'ouvrière quitte-t-elle l'atelier?
        —   ordinairement?
        —   en temps de presse?
3° A quelle distance habitent les ouvrières?
4° Quel est le salaire journalier maximum?
        —   minimum?
5° Y a-t-il une morte-saison et des chômages?
Combien durent-ils?
6° Comment vit l'ouvrière durant ce temps?

7° Où et comment se prend le repas de midi?
—   celui du soir?
8° Combien dure l'apprentissage?
9° Que devient l'ouvrière en cas de maladie?
—   dans la vieillesse ?
10° Travaille-t-on le dimanche?

II

OBSERVATIONS GÉNÉRALES

A la suite de chacune des questions de notre questionnaire, nous notons les réponses résumées :

1° *A quelle heure commence le travail ?*

Dans beaucoup de professions, le travail commence à 7 ou 8 heures dans les grandes villes, plus matin dans les fabriques et certains autres métiers; c'est-à-dire toujours avant que la mère de famille n'ait eu le temps d'accomplir chez elle ses devoirs de mère, d'épouse et de ménagère. Tout le jour elle est loin de son foyer; aussi la vie de famille n'existe plus et les enfants ne connaissent plus leurs parents.

2° *A quelle heure l'ouvrière quitte-t-elle l'atelier? ordinairement ? en temps de presse ?*

Elle le quitte à 7 heures. En temps de presse, à 8, à 9, à 10 heures du soir et même plus tard. C'est une terrible cause d'immoralité, de privations, de maladies, d'épuisement et de querelles dans les ménages.

Les enfants rentrent de l'école à 4 heures, mais il n'y a personne à la maison, ils ne peuvent donc que vagabonder. A l'heure du souper, la mère n'est pas encore rentrée... c'est la souffrance pour tous.

3° *A quelle distance habitent les ouvrières ?*

Dans les grandes villes, elles habitent toujours très loin de leur travail, car on a relégué les logements d'ouvriers à l'extrémité des faubourgs, ce que le grand ministre du bon roi Henri IV, Sully, avait refusé de laisser faire, prévoyant et expliquant au roi, dans une lettre charmante de franchise et d'indépendance, les malheureuses conséquences de cet éloignement pour la classe ouvrière et pour la société.

4° *Quel est le salaire journalier minimum ? maximum ?*

Quelquefois 60 et 75 centimes et pas nourrie. Quelques ouvrières arrivent à gagner 3 francs, et dans des ateliers de couturières la coupeuse gagne 5 francs ; mais que ces exceptions sont rares ! Du reste, ce n'est pas tant sur le taux du

salaire que sur les difficultés de la vie économique et sur l'incertitude de ce salaire que
portent les revendications et les plaintes très
justifiées.

*5° Y a-t-il une morte-saison et des chômages ?
combien durent-ils ?*

Il y a des chômages dans presque tous les
métiers, et le plus généralement ils durent trois
mois.

L'excès même de la production, en remplis-
sant les magasins, fait fermer les ateliers, et
cet excédent se produit parce que les ouvrières travaillent à leurs pièces ; elles sont si
mal payées qu'elles excèdent leurs forces, travaillent avec fièvre, bâclent l'ouvrage, produisent trop et se voient refuser l'ouvrage pendant plusieurs semaines.

6° Comment vit l'ouvrière pendant ce temps ?

On nous répond que c'est aux dames de charité à nous le dire.

On n'entend qu'un cri de détresse dans la
classe ouvrière : « La femme honnête ne peut
même plus manger du pain! » Que dire de la
mère, veuve, ou abandonnée?

7° Où et comment se prend le repas de midi ?

Au cabaret voisin, faute de temps pour rentrer chez elle ; et puis c'est si loin ! Aussi, mau-

vaise nourriture, santés détruites, et, la journée faite, que reste-t-il du salaire pour le loyer, les vêtements et les enfants?

Le repas du soir se fait en rentrant, toujours tard, et, quand il y a eu presse de commandes à l'atelier, c'est dans la nuit que l'ouvrière a le loisir de revenir chez elle.

8° *Combien dure l'apprentissage ?*

De 18 mois à 2 ans dans la plupart des métiers. Mais, comme il n'y a plus de conscience, ni de surveillance, l'apprentie, pendant ce temps, n'a fait, le plus souvent, que le ménage ou les commissions de la maîtresse de l'atelier; elle est donc incapable d'exercer le métier. Cela arrive, nous dit-on, 19 fois sur 20. Elle est, par cela même, entraînée à se mal conduire pour gagner son pain.

9° *Que devient l'ouvrière en cas de maladie ? et dans la vieillesse?*

Elle ne peut être malade sans être remplacée à l'atelier. La voilà forcée de tendre la main pour payer son loyer et son pain. Dans la vieillesse, la misère l'attend, car rien n'est prévu pour la secourir, et ce que nous lisons au sujet de l'esclavage romain, dans une page du *Pèlerin* du 4 juin 1888, est aussi vrai de nos jours...

« Lorsque vieux, infirme, fatigué, l'esclave aspirait au repos, le maître qu'il avait enrichi par son travail s'empressait de se débarrasser de lui pour n'avoir pas à nourrir une bouche inutile. Point de pitié pour lui... les joies de la famille lui étaient inconnues... l'enfant connaissait à peine son père, dès l'âge le plus tendre il était abandonné dans ce milieu dégradant... C'est à peine si l'homme libre daignait jeter un regard sur ces multitudes... » Il n'y a à changer dans cette citation que le mot « esclaves » et le remplacer par celui « d'ouvrières » pour que le tableau soit celui de notre temps.

10° *Travaille-t-on le dimanche?*

Oui, dans 9 ateliers sur 10. Et ne devons-nous pas nous faire de sérieux reproches à nous-mêmes sur ce point? N'avons-nous pas imposé à notre couturière quelques toilettes à faire le dimanche ? respectons-nous le repos du dimanche chez nous-mêmes, pour nos serviteurs?

Conclusion. — Une de nos dames correspondantes, plus à même qu'aucune autre d'apprécier telle qu'elle est la situation, on pourrait dire la détresse des pauvres femmes qui gagnent leur vie et celle de leurs enfants par le travail manuel, parce qu'elle leur a consacré sa vie et sa fortune, propose à chacune de nous, et particulièrement aux élégantes, de souscrire à une cotisation annuelle sous cette forme : *Impôt facultatif de la charité sur le luxe*, en se privant, suivant ses ressources, les unes d'une paire de gant, les autres d'une toilette, pour en consacrer le prix à secourir les ouvrières qui, ayant travaillé jusqu'à y perdre leur santé, n'ont même pas pu gagner un pain suffisant, à fabriquer notre superflu !

Ce qu'il y aurait peut-être aussi à faire serait de se souvenir de l'obligation que nous impose la loi de Dieu de donner aux indigents le dixième de nos revenus.

III

CLASSEMENT DES RÉPONSES FAITES A L'ENQUÊTE

Nous diviserons ces réponses comme il suit :
1° *Arts et métiers.*
a) Travaux d'utilité.
b) Travaux de mode ou de luxe.
2° *Fabriques.*
3° *Administrations et grands magasins.*

1. *Arts et métiers.*

On y distingue les *travaux d'utilité* et les *travaux de mode ou de luxe.*

Voici d'abord quelques-uns des métiers qui ont répondu à notre enquête dans ces deux séries :

PREMIÈRE SÉRIE. — 1° Porteuses de pain; 2° chapellerie; 3° lingerie; 4° blanchisserie; 5° blanchisseuses de fin; 6° blanchisseuses à neuf; 7° repasseuses à neuf; 8° atelier de clouterie; 9° riveuses de porte-monnaie; 10° atelier Godillot; 11° imprimerie; 12° chromolithographie; 13° tissage à domicile des mouchoirs de coton; 14° doucheuses; 15° sécheuses; 16° ouvrières en cravates,

DEUXIÈME SÉRIE. — 1° couturières; 2° modistes; 3° confections et manteaux; 4° fleurs artificielles; 5° polisseuses en bijouterie; 6° plumassières; 7° dentellières de Dieppe; 8° passementerie de jais; 9° confectionneuses; 10° frangeuses; 11° feuillage artificiel; 12° éplucheuses de cachemire chez les teinturiers; 13° passementières.

Voici maintenant le résumé des réponses faites à l'enquête.

Travaux d'utilité.

1° *Boulangeries de Paris; les porteuses de pain.* — Ce travail commence à 6 heures du matin; il consiste à remplacer un cheval en traînant une voiture pleine de pains ; il faut, en plus, distribuer ces pains à la clientèle, c'est-à-dire les monter à chacun des six ou sept étages des maisons. Ces petites voitures sont si lourdes, qu'un de nos amis ayant voulu se rendre compte de la dépense de force qu'exige ce métier, n'a pu entraîner une que pendant une cinquantaine de pas. Ces pauvres femmes vont souvent d'un quartier dans l'autre à cause de la concurrence que se font les boulangers, et ce service dure jusqu'à 10 ou 11 heures du matin pour recommencer encore avant dîner. Elles gagnent 3 francs à 3 fr. 50 par jour sans être nourries, et il y a un chômage annuel de mai à novembre, sans compter une excessive instabilité d'atelier ; elles sont sans cesse changées, et il est même difficile, à cause de cela, de s'occuper avec intérêt de l'une d'elles, parce que son service est promptement interrompu, et on en perd la trace.

Le travail se fait le dimanche comme les autres jours. La femme ne peut donc remplir ni ses devoirs de mère de famille, ni ses devoirs religieux ; elle est considérée comme une bête de somme, avec cette différence, à son détriment, que, du moins, la bête de somme devrait être nourrie même pendant les mois de chômage.

2° *Chapellerie*. — Journée ordinaire de 8 heures du matin à 7 heures du soir; mais, en temps de presse, elle se prolonge jusqu'à 11 heures, minuit et 1 heure du matin ; salaire, 50 à 60 francs par mois. Le chômage est, chaque année, de quelques semaines, et quelquefois le travail est suspendu deux jours par semaine ; *cependant, on travaille le dimanche !* Quelle anomalie ! Dans ce métier comme dans tant d'autres, il n'y a aucun secours à espérer dans la maladie ni dans la vieillesse.

3° *Lingerie des environs d'Auray et de Lorient.* — Journée de 12 heures. Les ouvrières habitent à quelques kilomètres de l'atelier; elles gagnent 1 fr. 25, et se nourrissent chez le patron. L'apprentissage dure 3 ans si les parents ne paient rien pour la première année. Il est difficile que, sur ce salaire, l'ouvrière puisse faire des économies pour les jours de chômage, de maladie, ou de vieillesse, et il n'y a rien de prévu pour leur venir en aide. On ne travaille pas le dimanche.

4° *Blanchisseries de Paris.* — La blanchisseuse commence sa journée à 7 heures du matin, et quitte l'atelier vers la même heure le soir; elle gagne de 1 fr. 50 à 2 fr. 75. Dans d'autres ateliers plus spéciaux et exclusivement pour le lavage du linge, on travaille principalement de 5 heures du matin à midi, avec 2 francs de salaire. Il y a chômage pendant les mois d'été durant lesquels, le salaire manquant, les difficultés de vivre sont terribles. Les jeunes apprenties vont à l'atelier, le dimanche, jusqu'à midi ; là encore, point de respect des devoirs religieux. Rien de prévu pour la maladie ni pour la vieillesse.

5° *Blanchisseries de fin.*— 12 heures de journée, de 7 heures à 7 heures du soir ; en temps de presse, on travaille jusqu'à 10 heures du soir. Le salaire est de 2 fr. 50 à 3 fr. 50 ; les heures supplémentaires se paient 30 centimes. Le chômage dure trois ou quatre mois d'été, pendant lesquels comment vivre ? La nourriture se prend chez le crémier ou le marchand de vin, par conséquent le meilleur du salaire y passe. L'apprentissage dure 2 ans. Bien des ateliers travaillent le dimanche comme les autres jours. Aucune ressource dans le chômage, etc., etc.

6° *Blanchisseuses à neuf.* — Journée de 12 heures, de 7 à 7. Travail aux pièces ; apprentissage de 2 ans ; rien de prévu comme secours. Salaire élevé pour les ouvrières habiles : de 7 à 8 francs par jour. Mais l'usage du chlore a une telle action pernicieuse sur les voies respiratoires et sur l'estomac,que l'ouvrière tombe malade au bout de trois mois de travail.

7° *Repasseuses à neuf*. — 12 heures de travail, de 7 à 7. La repasseuse gagne,en commençant, 1 fr. 50, mais le salaire ordinaire est de 3 fr. 50 ; il peut s'élever jusqu'à 7 francs. Point de caisse de prévoyance.

8° *Atelier de clouterie*. —Journée de 12 heures, de 7 à 7. Travail aux pièces, à raison de 40 centimes le mille ; on peut en faire de 7 à 8 milles par jour pour gagner 3 fr. 20 de salaire. Aucun secours n'est organisé.

9° *Riveuses de porte-monnaie*. — 12 heures de travail. L'ouvrière est payée 1 franc la grosse de douze douzaines ; on ne peut pas en faire plus de deux grosses par jour. On gagne donc 2 francs de salaire.

Pas de caisse de secours.

10° *Atelier Godillot*. — Les femmes peuvent emporter l'ouvrage à faire chez elles ; pour arriver à gagner 3 fr. ou 3 fr. 50, il faut se coucher très tard et se lever de bon matin ; encore faut-il déduire de ce salaire le prix du fil, des aiguilles, de la lumière. Voici quelques prix de ces travaux :

A finir un pantalon de cavalier dont les 4 coutures ont été cousues à la machine par une autre ouvrière, il faut 3 heures de travail à l'aiguille, et cela est payé 65 centimes. Pour coudre une paire de bottes à la machine, travail très dur, ou une paire de souliers, l'ouvrière gagne 40 centimes pour les bottes et 20 centimes pour les souliers. Aucun secours prévu : il faut vivre, et vivre à peine nourrie, au jour le jour.

11° *Imprimerie.* — 12 heures de travail ; salaire de 1 fr. 75 à 3 francs ; la fatigue de rester debout toute la journée est très grande. Les ouvrières habitent généralement fort loin de l'atelier ; elles ont 1 heure de liberté à midi pour le repas. Dans la maladie, l'hôpital ; dans la vieillesse, l'assistance publique ou la misère. On travaille tous les dimanches, au moins jusqu'à midi.

12° *Chromolithographie.* — Mêmes heures de travail ; même salaire ; même fatigue de rester debout. Mais un inconvénient grave de plus pour la santé : celui qui résulte du bronzage pour la chromo qui cause des empoisonnements. On combat ce danger en faisant boire aux ouvrières du lait fourni par l'atelier.

13° *Tissage à domicile pour les mouchoirs en coton* (Seine-Inférieure). — Les femmes ont chez elles un métier à tisser ; elles font faire la

trame par des enfants ou des vieilles, qui gagnent ainsi quelques sous. Le coton à tisser
leur est fourni tout préparé par l'entrepreneur;
elles vont le chercher à 7 ou 8 kilomètres, font
le chemin à pied en portant cette charge sur le
dos. Elles ont à leur compte à payer le prix de
la trame, l'entretien du métier, le coton, la lumière, etc. Une ouvrière active, si elle n'a pas
à s'occuper de son ménage, peut faire en 12 heures
de travail par jour, 3 douzaines de mouchoirs,
mais c'est très pénible. Le prix est à peu près
de 50 centimes la douzaine, un peu plus dans
la prospérité des affaires, un peu moins dans la
baisse. Généralement, une femme qui a son ménage ne peut faire qu'une douzaine 1/2 de mouchoirs dans la journée. C'est donc un fort mince
salaire qui n'est payé que toutes les 5 ou 6 semaines, suivant le temps qu'il a fallu pour tisser
la pièce et la porter chez le fabricant; cependant, c'est une ressource très appréciée dans les
ménages du paysan cauchois parce que les conditions économiques dans lesquelles ce salaire
est gagné sont bonnes pour l'ouvrière. Elle est
dans son ménage, peut soigner ses enfants en
travaillant; elle se nourrit avec la famille et se
contente de peu, le grand air de la campagne lui
faisant en plus une bonne et belle santé. Quelle

différence avec le salaire des villes et le peu de profit dont il est pour la famille! Qu'en reste-t-il après le repas chez le marchand de vin?

14° *Ouvrières en cravates.* — Une douzaine de tours de cou se fait en 1 h. 1/2 de travail; on gagne, pour cette tâche, 25 centimes, encore faut-il se fournir de fil et d'aiguilles sur ce prix.

Travaux de mode ou de luxe.

Il y a à tenir compte ici de cette observation que, dans ces travaux auxquels nous demandons notre luxe, l'ouvrière est bien plus exposée moralement; elle est entraînée à désirer pour elle-même ces choses de goût qu'elle confectionne pour les classes riches.

Il faut aussi qu'elle soigne sa toilette, qu'elle soit bien mise, étant constamment en rapport avec nous dans d'élégants magasins. Ce cadre factice où elle passe ses journées contraste étrangement avec la misère de sa demeure : elle souffre de ce qu'elle n'a pas. Aussi l'immoralité est très générale dans ce milieu de jeunes ouvrières. Leur modique salaire assure à peine leur nourriture, d'autres ressources leur sont offertes et, à l'heure de la sortie des ateliers chez les couturiers et les couturières à la mode, il est instructif pour un moraliste de voir comment les ouvrières sont attendues et escortées. Il est parfois très tard, la nuit est venue, elle est même déjà avancée, et la jeune fille a devant elle un long chemin à faire pour retrouver son logement; elle quitte les riches quartiers pour suivre les boulevards extérieurs bien déserts à ces heures de nuit! Quelles sont celles de nous qui ne craindraient pas de faire seules ce trajet la nuit, et, plus encore, de le faire en si fâcheuse compagnie? Plaignons-les et réagissons de toute notre influence contre de telles conditions pour des existences, hélas! bien nombreuses.

1° *Couturières*. — Journée ordinaire de 12 heures, de 8 heures du matin à 8 heures du soir; en temps de presse d'ouvrage, ce qui arrive souvent dans la saison du travail, on ne quitte l'atelier que tard dans la soirée, à 10 heures, 11 heures ou minuit. Les ouvrières sont généralement nombreuses dans chaque atelier et travaillent réunies dans une pièce où l'aération est insuffisante et dont le chauffage au poêle rend l'atmosphère malsaine. Le salaire est de 75 centimes, 3 francs, 4 francs et, pour les coupeuses habiles, il va jusqu'à 5 francs par jour. La morte-saison est au moins de 3 mois et souvent de 5 pendant l'été et l'automne. L'apprentissage

dure 2 ans. Le travail n'est pas souvent interrompu le dimanche. Nous avons dit que le repas de midi se prend comme on peut; le plus
souvent, c'est au petit restaurant voisin de l'atelier; le souper se fait en rentrant chez soi, il
est bien pénible alors d'attendre 10 heures,
11 heures ou minuit. C'est une cause de maladie. La santé de ces jeunes filles en est telle-
ment compromise qu'une Sœur de Saint-Vincent de Paul d'une des paroisses riches de Paris
nous disait, il y a peu de jours : « Lorsque j'ap-
prends le mariage de l'une d'elles, je suis à peu
près certaine qu'elle ne survivra pas deux
ans! » Malades, elles n'ont qu'une ressource,
c'est l'hôpital; vieilles, l'obole de la bienfaisance.

2° *Modistes.* — La journée normale se fait
de 9 heures du matin à 9 heures du soir, et
plus tard lorsqu'il y a des commandes. La
modiste est généralement nourrie chez sa maîtresse et payée au mois; elle gagne depuis
25 francs jusqu'à 80 francs. L'apprentissage
dure 2 ans; si l'apprentie ne fait pas les courses,
elle doit payer tant par mois pour son apprentissage. Généralement on ne travaille pas le
dimanche. Aucune organisation de prévoyance;
on travaille et on vit au jour le jour.

3° *Confections et manteaux*. — Journée ordinaire de 8 heures du matin à 7 heures du soir, plus tard s'il y a presse. L'ouvrière habite loin de l'atelier, elle vient des quartiers populaires dans les nôtres; il lui faut faire 1 heure de marche matin et soir, par tous les temps; elle reste ensuite debout toute la journée à draper des étoffes sur des mannequins. Elle gagne 3 francs ou 3 fr. 75. Le chômage dure 3, 4 ou 5 mois. Nourriture comme dans les professions précédentes. Pas de travail le dimanche en général. Rien de prévu pour le chômage, la maladie et la vieillesse.

4° *Fleuristes*. — Mêmes conditions d'existence que dans les métiers déjà cités.

5° *Polisseuses de bijoux*. — On est à l'atelier de 7 heures à 4 heures ou à 6 heures du soir. Le salaire varie entre 2 francs, 3 francs et 4 fr. 50. Il y a un chômage plus ou moins long en été et un apprentissage de 2 ans. La grande fatigue dans ce métier est pour la vue qui s'y use vite. Dans ce métier comme dans tous les autres, la misère et l'hôpital pour avenir.

6° *Plumassières*. — Mêmes conditions d'existence que chez les couturières, salaire de 1 fr. 50 à 5 francs; 2 mois de morte-saison. Grande instabilité dans ce travail qui n'a de régulateur que la mode. Le travail manque tout à fait quand le goût pour les plumes a passé à autre chose. L'apprentissage est de 2 à 3 ans. Comme dans les autres métiers, l'ouvrière est abandonnée quand elle est vieille ou malade; la clientèle pour laquelle elle a travaillé ne la connaît pas; l'atelier dont elle faisait partie l'a remplacée; personne ne s'occupera d'elle lorsqu'elle ne pourra plus se suffire à elle-même. C'est vraiment une organisation générale de la misère pour tous ceux qui travaillent et par là rendent des services à la société!

7° *Dentellières à Dieppe.* — Les réponses données à notre enquêteuse concernent là un ouvroir où les jeunes filles sont internes.

8° *Passementières en jais.* — L'ouvrière travaille aux pièces ; en veillant jusqu'à 10 heures du soir, elle peut obtenir un salaire de 2 fr. 50. La morte-saison dure 4 mois et la mode abandonne souvent l'emploi de cette ornementation; l'ouvrière perd alors son gagne-pain, car elle ne sait pas faire autre chose. On travaille tous les dimanches jusqu'à midi. Pour avenir, l'hôpital ou l'assistance publique.

9° *Confectionneuses.* — En travaillant 12 heures elles peuvent gagner 3 francs.

10° *Frangeuses.* — Celles-ci, dans le même

temps de travail, ne peuvent gagner que 1 fr 50 par jour.

11° *Feuillage artificiel*. — Journée de 12 heures, salaire de 2 francs à 2 fr. 25.

12° *Éplucheuses de cachemire*. — Cette industrie s'exerce chez les teinturiers; on est payé 25 centimes par heure de travail.

13° *Passementières*. — Malgré la vogue actuelle, ces ouvrières peuvent à peine se faire un salaire de 2 francs par jour.

REMARQUES. — *A*. Bien d'autres réponses sont dans notre collection, mais elles ne sont pas sous nos yeux en ce moment; nous les placerons à la suite de celles déjà citées et l'enquête reste ouverte pour être l'objet de notre continuelle attention; c'est ainsi, seulement, qu'elle pourra produire un bien réel et quelle tendra à l'amélioration des conditions d'existence des femmes de la classe ouvrière.

B. Pour se rendre compte des ressources d'une ouvrière et établir le budget d'où dépendent ses moyens de vivre, il faudrait calculer son salaire journalier, en déduire le temps du chômage annuel, celui qui résulte pour elle d'un renvoi arbitraire de l'atelier où elle a son travail; car l'incertitude du lendemain est extrême pour l'ouvrière, le moindre mouvement d'humeur du

maître la met dans la nécessité de chercher
ailleurs du travail ; il faut prévoir aussi, dans
ce calcul, les jours de maladie que les privations et l'excès de fatigue rendent plus nombreux ; enfin, les années de vieillesse ou de pré-
coces infirmités. Que restera-t-il pour chaque
jour, de ce salaire ainsi fractionné? Et pourtant
là seulement se trouve la réalité, s'il plaît à Dieu
de conserver la vie à la pauvre femme malgré
toutes les éventualités!

C. Ce qui doit attirer l'attention en parcou-
rant ce résumé d'enquêtes, c'est l'absence absolue de fonds de réserve ou de caisses de secours,
et, comme conséquence, la charge énorme qui
revient à l'assistance publique, de toutes ces
existences tombées fatalement dans la misère à
courtes échéances. Même au seul point de vue
économique, ne faudrait-il pas y remédier au
plus tôt? Mais là n'est pas seulement notre
préoccupation; nous sommes, dit-on, les *Sœurs
de la Justice sociale*, et c'est la Justice sociale
qui est méconnue dans l'abandon des pauvres
femmes du travail.

D. Quelle tristesse de voir toutes ces victimes
de l'insuffisance du gain arriver à l'hôpital ané-
miées par les privations, sans force pour résister à la maladie; sans la moindre économie

pour payer le loyer de leur pauvre demeure pendant leur séjour à l'hôpital, et qui, si la mort les épargne, ne retrouvent que l'affreuse misère à leur sortie, leur pauvre mobilier ayant été vendu en leur absence pour payer la location! Et les enfants, que deviennent-ils alors?

2. *Fabriques.*

Nous passerons en revue, successivement, les fabriques : 1° de boutons; 2° de gainerie; 3° de fourrures; 4° de bijouterie en faux; 5° d'enveloppes en papier; 6° de conserves (à Saint-Ouen); 7° de porcelaines (Cher); 8° de papier; 9° la filature de Clichy; 10° les raffineries de sucre; 11° les fabriques d'enveloppes à la machine; 12° les fabriques de chaussons (Oise).

1° *Fabriques de boutons.* — Journée de 13 h., depuis 6 heures du matin jusqu'à 7 heures du soir. 3 mois de morte-saison. Salaire de 1 fr. 35 à 1 fr. 65.

Comment l'ouvrière, avec un tel gain peut-elle élever sa famille, économiser pour les jours de chômage et de maladie, tout en assurant sa vie **dans la vieillesse?**

Les repas sont, comme pour les autres métiers, pris chez le marchand de vin, puisqu'il y a défense de manger ce que l'on aurait apporté à la fabrique. Ce repas de midi pris ainsi absorbe à peu près le gain journalier de l'ouvrière.

Quelle terrible situation !

On travaille quelquefois le dimanche.

Et elles sont logées au loin !

2° *Fabriques de gaînerie.* — 12 heures de travail : de 7 heures à 7 heures du soir; veillées en temps de presse jusqu'à 10 heures, 11 heures et même minuit. Longue route à faire pour venir à la fabrique et pour regagner le soir son pauvre logement. Ce travail consiste à piquer des peaux, il est très dur et pénible ; mais il n'est payé que de 1 fr. 75 à 2 fr. 75 par jour. On fait là des étuis à lorgnettes, des écrins, des enveloppes de nécessaires, des boîtes, etc. Le repas de midi se prend chez le crémier ou le marchand de vin. Dans la maladie, l'hôpital *laïque*; dans la vieillesse, l'aumône et la détresse. Quand il y a presse on travaille le dimanche.

3° *Fabriques de fourrures.* — Mêmes conditions d'existence, de logement, de nourriture, etc. Salaire meilleur : de 3 francs à 3 fr. 50. Chômage de 3 mois pendant l'été.

On travaille toujours le dimanche, et même, pour ne pas être remerciée, il faut se présenter le dimanche à la fabrique pendant les jours de chômage de l'été.

4° *Bijouterie en faux.* — Mêmes conditions d'existence; salaire dérisoire : 1 fr. 25 pour la journée. Quand elles sont habiles et qu'elles travaillent aux pièces elles peuvent gagner un peu plus et avoir 1 fr. 50 ou 1 fr. 75. Ce travail ne se fait pas le dimanche et dure toute l'année. Même absence de ressources dans le chômage, la maladie et la vieillesse; toujours l'abandon et la misère. C'est terrible de trouver ce refrain comme conclusion à toutes nos enquêtes; cela fait mal à constater.

5° *Fabriques d'enveloppes en papier.* — 12 h. de travail journalier : de 7 heures à 7 heures du soir. 1 heure de chemin pour venir à la fabrique ce qui fait que l'ouvrière est hors de chez elle depuis 6 heures du matin jusqu'à 8 heures du soir; elle fait 14 heures d'absence. Elle n'a donc à elle et pour son ménage que 10 heures sur 24.

Pas de chômage annuel, mais seulement acci- dentel. Travail aux pièces : salaire, 1 fr. 75 ou 2 francs. Conditions économiques de nourriture, de logement, comme pour les autres métiers. La misère et l'hôpital comme avenir, ou bien la mort, abandonnée dans quelque grenier. Malade ou vieillie, la société n'a que faire de cette femme ; d'autres sollicitent ce modique salaire et sont bientôt hors d'état de le gagner, car la santé ne saurait résister à de tels abus. La roue de la production tourne toujours, entassant ses victimes.

6° *Fabriques de conserves à Saint-Ouen.* — Travail de 8 heures du matin à 7 heures du soir.

On est payé aux pièces : 5 centimes pour la boîte de champignons ; 50 centimes pour quatre boîtes d'un litre de légumes. On peut gagner comme maximum 2 francs dans la journée, mais le plus souvent le salaire n'excède pas 1 fr. 50.

Conditions de logement et de nourriture comme dans les autres enquêtes : avenir misérable assuré.

7° *Porcelaineries (Cher).* — 12 heures de travail : de 7 heures à 7 heures du soir. Cette fabrique est à la campagne ; les ouvrières habitent un village peu éloigné. Elles font le travail soit à la journée, soit à la pièce. Le salaire est très modique, mais les conditions d'existence sont bien meilleures qu'à Paris. Pour les travaux les plus pénibles, l'ouvrière gagne 1 fr. 20. Le chômage n'est pas annuel, mais il y a des crises de production causées par la concurrence étrangère ; elles arrêtent alors le travail à peu près complètement pendant une période de temps plus ou moins longue. C'est un désastre pour ce village lorsque ces arrêts se produisent. L'ouvrière rentre chez elle à midi pour y prendre son repas; elle y retrouve ses enfants et peut s'en occuper. Le soir aussi elle soupe avec eux en rentrant de la fabrique. L'apprentissage commence à 10 ans. Généralement on ne va pas à la fabrique le dimanche; mais, en cas de presse, le travail n'est pas interrompu. Si on respectait la loi divine du repos dominical, même lorsque le travail abonde, ne serait-ce pas un moyen d'éviter la surproduction qui amène l'arrêt du travail?

Enfin, c'est avec bonheur que nous trouvons ici une organisation de caisse de secours; que n'en est-il partout ainsi! Dans la maladie, l'ouvrière reçoit la moitié de son salaire. Mais la vieillesse n'est pas secourue!

Les ouvrières font aussi une partie de ce travail chez elles, tel que celui des fleurs en porcelaine; elles sont pour cela payées au *cent*. La préparation de la terre pour faire des fleurs constitue un travail très fatigant. On le paie 1 fr. 20 à la journée.

8° *Fabriques de papier*. — Mêmes conditions matérielles et morales : existence précaire, tra-

vail instable et longues journées, depuis 6 heures du matin jusqu'à 8 heures du soir. Salaire :
20 centimes l'heure. Quel temps reste-t-il à
l'ouvrière pour élever ses enfants, préparer leur
repas, raccommoder et blanchir son linge et le
leur ?

9° *Filature à Clichy*. — On travaille de 6 heures du matin à 7 h. 1/2 du soir; l'ouvrière est
debout toute la journée; elle est payée aux
pièces et peut gagner au maximum 3 francs, le
plus souvent 2 francs.

Le dimanche on travaille jusqu'à midi, il est
donc impossible de remplir ses devoirs de religion. Décidément, il n'y a plus, de notre temps,
que les riches pouvant aller à l'église, et ce sera
bientôt un luxe de pouvoir remplir ses devoirs
stricts de chrétien.

Dans cette fabrique, les conditions d'existence
matérielle sont celles que nous rencontrons
dans nos autres enquêtes pendant les années où
l'ouvrière peut travailler, et, à la fin d'une vie
de labeur, la misère l'attend.

10° *Raffineries de sucre*. — Heures de travail :
en été, depuis 6 heures du matin jusqu'à 10 ou
11 heures du soir.

Ce genre de travail se fait dans une atmosphère
brûlante; mais celui qui est l'objet de cette en-

quête consiste à remplir des caisses de 10 k.
avec des morceaux de sucre cassé à la mécanique. Le salaire est de 5 centimes, *un sou par
cinq caisses*, — par 100 k., 10 centimes. — L'ouvrière est debout toute la journée ; elle ne peut
pas arriver à gagner plus de 2 francs par jour,
car pour cela il faut qu'elle remplisse 200 caisses. A quel excès de fatigue doit-elle arriver !
fatigue physique et anéantissement moral. Peut-
elle seulement songer à ses devoirs? Quant à
les remplir, quand? comment? à quelle heure?
Il y a peu de chômage; mais, quand il y a en a,
l'ouvrière devient ce qu'elle peut. Aucune association de métier, aucune caisse n'existe pour
la secourir.

On travaille le dimanche comme les autres
jours.

Rien de prévu pour maladie, ni pour la vieillesse.

11° *Enveloppes à la machine.* — Ici, l'ouvrière
travaille avec une machine qu'il faut manœuvrer
avec les pieds et avec les mains pendant 12 heures,
de 7 heures du matin à 7 heures du soir et
souvent beaucoup plus tard dans la soirée :
travail aux pièces. Salaire de 1 fr. 25 à 2 fr. 50.
Pour gagner ces 2 fr. 50 il faut pouvoir faire
5.000 (cinq mille) enveloppes dans la journée.

Conditions d'existence les mêmes que toutes celles énumérées ici, c'est-à-dire instabilité, cherté et privations.

12° *Fabriques de chaussons* (*Oise*). — 12 heures au moins de travail, et, en été, 14 heures : de 5 h. 1/2 du matin à la même heure le soir, et jusqu'à 7 h. 1/2 en été. Les ouvrières viennent des villages voisins éloignés de 3 ou 4 kilomètres de la fabrique. Le repas de midi est apporté par elles et se prend à l'atelier. Le salaire est de 1 fr. à 2 fr. 50.

Il existe là une société de secours mutuels « la Prévoyance » avec une cotisation mensuelle de 75 centimes pour les femmes et les jeunes filles de plus de 15 ans, et de 40 centimes pour les enfants de 12 à 15 ans ; l'ouvrière est secourue, elle reçoit une indemnité journalière de 60 centimes (ou de 40 centimes suivant la somme versée) pendant la maladie. Elle a droit aussi gratuitement aux soins médicaux.

3. *Administrations, manufactures de l'État et grands magasins.*

Nous passerons en revue successivement : 1° les lingères au chemin de fer de l'Est ; 2° la manufacture des tabacs ; 3° le télégraphe ; 4° les magasins du Printemps; 5° ceux du Louvre; 6° les caissières dans les grands magasins de blanc; 7° les doucheuses à Aix-les-Bains (Savoie).

1° *Lingères au chemin de fer de l'Est.* — Le travail commence à 9 h. 50 et se termine à 5 h. 50 du soir, en tous temps. Les ouvrières habitent dans les environs de la gare. Il y a deux classes d'ouvrières : celles qui sont commissionnées et celles qui ne le sont pas, mais peuvent arriver à ce degré meilleur de la hiérarchie.

Les ouvrières non commissionnées gagnent 2 fr. 25 par jour. Il n'y a pas de morte-saison; le repas de midi se prend au bureau ou en famille. L'apprentissage dure 2 ou 3 ans, et on ne travaille jamais le dimanche.

Dans la maladie et dans la vieillesse une caisse de secours dite « la Prévoyance » leur vient en aide quand l'ouvrière a fait des versements s'élevant à 1 0/0 de son traitement annuel.

Les ouvrières commissionnées ont une situation présente meilleure encore et un avenir assuré. On voit, par cet exposé, qui nous montre un travail modéré, un salaire suffisant, des facilités d'existence et des secours pour les jours mauvais de la vie, enfin la stabilité et la sécurité d'existence pour les femmes, le grand avantage qu'elles trouvent à appartenir à une association, à une sorte de corporation, comme le sont les chemins de fer, au lieu d'être abandonnées à elles-mêmes comme le sont toutes les autres femmes de la classe ouvrière qui sont isolées, individualisées et, par suite, sans aucune protection.

2° *La manufacture des tabacs.* — Il y a deux séries de journées ; c'est-à-dire que le travail commence à 6 heures du matin, pendant l'été ; mais que les femmes mariées ayant des soins de ménage à donner chez elles ne viennent à la manufacture qu'à 8 heures du matin. On quitte le travail à 6 heures et à 7 heures le soir.

Le salaire est de 1 fr. 50 à 2 francs et 2 fr. 50. Chaque année, il y a un chômage de 15 jours pendant l'inventaire qui se fait à la manufacture.

Une société de secours mutuels donne aux associées, pendant la maladie, un secours de 1 franc par jour ; mais si la maladie se prolonge au delà d'un certain nombre de jours, l'indemnité n'est plus que de 50 centimes par jour pendant un temps déterminé, et cesse tout à fait au delà. Les jeunes filles de 13 à 14 ans sont admises à travailler à la manufacture ; mais c'est pour elles une école d'immoralité. Le titre de cigarière est, à peu d'exceptions près, un brevet d'inconduite. Ce travail a aussi des inconvénients graves pour la santé ; beaucoup de tempéraments ne peuvent s'y faire, et la nicotine rend la maternité très difficile en causant un empoisonnement des enf...ts dans le sein de leurs mères ; aussi meurent-ils peu après leur naissance.

3° *Télégraphe, à Paris et dans les grandes villes.* — Les employées sont divisées en deux brigades qui font alternativement le service de 7 heures du matin à 9 heures du soir. Elles ont un traitement annuel de 800 à 1.000 francs. L'apprentissage se fait vite, à peu près en 6 semaines, et il n'y a pas de morte-saison. Mais on travaille le dimanche comme les autres jours.

4° *Magasins du « Printemps ». — Collage des échantillons sur les catalogues.* C'est un travail passager qui se fait quatre fois par an, au moment des expositions de saisons.

Journée de 11 heures : depuis 8 heures du matin jusqu'à 7 heures du soir.

Les ouvrières habitent dans les quartiers populaires, elles ont donc 1 heure de chemin à faire le matin et autant le soir pour rentrer chez elles. Elles gagnent un salaire de 3 francs, mais leur existence reste précaire, et elles ont les mêmes graves difficultés économiques que nous retrouvons partout pour les femmes qui vivent du travail de leurs mains, sauf de trop rares exceptions, comme celles qui font partie d'une organisation sérieuse de travail.

5° *Magasins du* « Louvre ». — Journée de 12 heures commençant à 8 h. 1/2 du matin. Mais, les jours d'exposition, on reste au magasin jusqu'à près de minuit.

L'employée du Louvre est nourrie au magasin, ou, si elle le désire, dans sa famille. Elle peut aussi être logée dans les dépendances du magasin. Son salaire annuel est de 400 francs auxquels s'ajoutent 1 0/0 ou 2 0/0 sur les ventes qu'elle fait chaque jour.

Nota. — Nous ne voyons pas qu'il y ait une caisse de secours mutuels, mais c'est peut-être un oubli fait dans les réponses données à notre enquête, car ce serait fort surprenant, le personnel d'employés et employées étant au Louvre si considérable.

6° *Caissière dans un grand magasin de blanc.* — 12 heures de travail : de 9 heures du matin à 9 heures du soir. Le traitement est de 150 à 200 francs par mois. On a quinze jours de congé par an, et chaque jour 1 heure de libre à midi et à l'heure du dîner.

7° *Doucheuses d'Aix-les-Bains.* — Ces femmes sont attachées à l'établissement thermal qui est une propriété de l'État. Leur travail consiste à doucher et à masser les malades qui prennent les eaux; pour cela, elles sont elles-mêmes dans l'eau jusqu'à mi-jambes depuis 4 ou 5 heures du matin jusqu'à midi; elles donnent aussi des douches dans l'après-midi. Leur salaire se compose d'une somme fixe donnée par l'administration, et des étrennes données par les malades soignées par elles pendant la saison d'été, c'est-à-dire du 15 avril au 15 octobre. Leur salaire fixe est de 300 à 350 francs par an. L'établissement des eaux ne se ferme pas de l'année; il peut y avoir des douches à donner dans les mois d'automne ou de printemps.

Ces femmes n'ont pas de retraite dans leur vieillesse, mais on vient d'établir pour elles une caisse de secours dans la maladie. Elle fonctionne depuis 2 ou 3 ans; pour être secourue, il faut avoir payé une cotisation de 10 francs par an.

Le dimanche n'est pas du tout respecté, et ces femmes sont tenues d'être au travail ce jour-là comme les autres, depuis 4 heures du matin jusqu'à midi.

La doucheuse interrogée pour cette enquête fait ce métier depuis 22 ans — se porte très bien — et espère le continuer longtemps encore.

4. *Monographies de ménages d'ouvriers.*

1° *Garçon de magasin.* — Ce ménage se compose du père, de la mère et de quatre enfants. L'emploi du père consiste à faire toute la journée des courses fort longues pour les affaires commerciales du magasin où il est employé. Il travaille ainsi au moins 12 heures par jour. Il a pour cela un salaire de 60 ou 70 francs par mois; mais il faut en déduire l'obligation d'être proprement vêtu, ce qui occasionne des frais, et aussi l'usure des chaussures.

Ce travail n'est d'ailleurs jamais assuré, et, pour le plus léger prétexte, le garçon de magasin est renvoyé, ou bien, à la moindre indisposition qui le retienne chez lui, il est remplacé; d'ailleurs lorsqu'il a atteint l'âge de 45 ans, il ne trouve plus d'emploi, on ne veut plus de lui nulle part. Lorsqu'il n'est pas trop éloigné de sa demeure, il y revient prendre son repas de midi; mais ceci ne peut être que l'exception, puisqu'il n'y a plus de logements d'ouvriers dans les quartiers riches ou commerciaux; s'il ne peut pas être nourri chez lui, que peut-il lui rester de son salaire de 2 francs par jour, lorsqu'il rentre le soir après avoir payé sa nourriture au cabaret? nourriture coûteuse et malsaine.

La mère de famille cherche à augmenter ce pauvre budget en faisant quelques ménages, Elle pourrait en faire deux par jour, si elle les trouvait, et gagnerait une quinzaine de francs par ménage.

Les enfants vont à l'école; mais s'ils sont malades, il faut les laisser seuls à la maison, le père et la mère étant absents..... Quelles sont donc les ressources possibles de cette famille et quelles sont les dépenses obligées qui y correspondent?

Nous l'avons dit, il y a six personnes en ce moment dans cette famille : le père, la mère et quatre jeunes enfants. Si les enfants aînés pouvaient commencer à gagner quelque chose, peut-être leur nombre serait-il augmenté, et d'ailleurs le père approcherait de l'âge de 45 ans, où il ne trouverait plus d'emploi. Voyons donc si cette famille, prise comme type d'étude dans les conditions les plus favorables de sa pénible existence, peut suffire à ses besoins. Admettons que le père et la mère ont du travail.

13.

A. — Chapitre des ressources.

1° Salaire du père. . . . . 70 fr.
2° Salaire de la mère. . . . . 20 fr.
Total . . . . 90 fr.

Pour chaque jour cela donne un salaire de 3 francs, et, pour l'année, une somme de 1.080 fr. à dépenser pour faire vivre six personnes; encore faut-il qu'il n'y ait pas de chômages.

B. — Chapitre des dépenses indispensables.

1° Loyer : 250 à 300 francs pour une seule pièce;
2° Nourriture;
3° Vêtements;
4° Chauffage.

Le loyer pour une seule pièce au **rez-de-chaussée**, c'est-à-dire d'une telle humidité que les murailles suintent l'eau et le pavage se couvre d'une mousse. Il est inhumain de loger ainsi des créatures humaines et d'exiger d'elles, pour cet abri malsain, un loyer plus élevé qu'il ne le serait pour nous, dans de tout autres conditions de salubrité. Mais dans les quartiers populeux où sont relégués aujourd'hui les ouvriers, la misère entasse ses victimes et la concurrence que se font les locataires permet d'exagérer le prix des loyers. Dans la plupart des maisons de location, on refuse les familles à cause des enfants. La mère qui cherche un logement est obligée, presque toujours, de dissimuler qu'elle a des enfants et de les y faire entrer par surprise, sans quoi on ne lui louerait rien! Pour la nourriture, on ne peut pas compter moins d'une livre de pain par personne; cela ne suffit évidemment pas au père, et probablement pas aux enfants aînés; mais pour ceux qui souffrent presque toujours de la faim, essayons de réduire la dépense au strict nécessaire en conservant une apparence de possibilité; cela fait encore 1 fr. 20 par jour pour le pain. Et avons-nous réfléchi à la qualité du pain qui est fourni à la classe ouvrière dans les villes? C'est un composé de farines dans lequel il n'entre pas beaucoup de blé. Il faut, pour s'en rendre compte, le comparer au pain dit « pain de ménage », parce que c'est la mère de famille qui le fait. Si une livre de pain de ménage suffit à nourrir un enfant de douze ans, il paraît probable qu'il en faudra le double si c'est du pain de boulangerie. Là aussi il y aurait une sérieuse réforme à tenter et une surveillance active à exercer. Cependant, comptons, pour la famille que nous étudions, une seule livre de pain par personne journellement, cela nous donne une dépense de 1 fr. 20 par jour, et annuelle de 432 francs.

Loyer.   300 fr.
Pain.   432 fr.
          732 fr., à déduire de 1.080 fr. de salaire.

Il n'y a plus que 248 francs pour les vêtements, le chauffage et ce qu'il faut pourtant bien acheter pour faire la soupe, dans laquelle il n'entre pas que du pain et de l'eau; c'est-à-dire sel, beurre, légumes et un peu de viande. Il y a toujours aussi un peu de lait à avoir pour nourrir le petit enfant, car la misère a tari le sein de la mère...

Du moins cet homme, dont les forces décroissent si vite par l'excès du travail, a-t-il un secours à espérer pour sa vieillesse ? une caisse de prévoyance lui viendra-t-elle en aide, en cas d'accident ou de maladie ? La réponse à cette question est toujours : non.

Voilà les conditions d'existence dans lesquelles vit, à Paris, une famille d'ouvriers, entre 100.000 autres, étudiée pendant une période de temps où le père et la mère avaient du travail !

C'est effrayant à reconnaître et plus dangereux à ignorer ; car il est impossible de supposer que les ouvriers consentiront longtemps à vivre ainsi, d'une existence si dure et si triste, qu'elle n'est jamais qu'une mort lente par la faim.'

E

SALAIRES, DANS DIVERS MÉTIERS DE FEMMES, A PARIS

A titre de comparaison, voici les salaires indiqués par l'Office du travail dans quelques métiers de femmes, à Paris.

Amidonnerie.	2 »
Raffinerie.	3 25
Casserie de sucre.	2 85
Boulangerie	2 50
Pâtisserie-confiserie	2 70
Chocolat.	2 60
Conserves, légumes et fruits.	2 30
Produits alimentaires divers.	3 45
Acide sulfurique, engrais.	1 60
Matières colorantes, céruse.	3 »
Produits pharmaceutiques et photographiques.	2 65

Pièces d'artifice 2 50
Couleurs, encres d'imprimerie. 3 25
Cirage, encre à écrire. 2 90
Suif. 2 90
Stéarine, savonnerie, parfumerie. . . .   2 40
Fabrique de caoutchouc. 2 85
Cartes en feuille, papier spécial. 2 95
Papier laminé, enveloppes vergées. . .   3 10
Papiers peints. 2 20
Imprimerie. 3 55
Brochure. 2 90
Reliure industrielle 3 10
Reliure d'art. 5 50
Coupage de poils, pelleterie. 3 15
Mégisserie, tannerie 3 15
Teinture de peaux. 3 05
Selles et harnais. 4 10
Chaussures. 3 35
Porte-monnaies 3 05
Gants de peau. 2 70
Cotons à coudre 2 85
Corderie et câblerie 3 40
Fabrique de feutres 2 60
Tissage de soie. 2 60

II

ŒUVRES D'ASSISTANCE

A

RESTAURANTS D'OUVRIÈRES

Entre les différentes œuvres fondées pour assister les ouvrières de l'*Aiguille*, on a nommé (*Première partie,* pages 144 et suiv.), les *Restaurants d'ouvrières*, place du Marché Saint-Honoré et rue de Richelieu, 47. M. Édouard Devertus (qui en est devenu le gérant principal), les avait décrits en ces termes dans l'*Univers* du 16 décembre 1892 :

« La salle est claire et spacieuse, un peu plus longue que large. Bout à bout sont disposées de petites tables en bois blanc, recouvertes d'une toile cirée, autour desquelles une centaine de clientes peuvent à l'aise prendre place ; les chaises sont aussi en bois blanc et paillées. Les murailles sont nues et peintes en vert. Ici des cases où sont rangées les serviettes des habituées. Là, dans un coin, une bibliothèque. C'est tout le mobilier.

« Aussitôt entrées, les clientes se dirigent vers un guichet où le gérant leur délivre, moyennant finance, des jetons de valeurs différentes, qu'elles échangeront contre les mets qu'elles voudront choisir. La comptabilité se trouve ainsi simplifiée, en même temps que les erreurs sont plus difficiles.

« Sur un tableau noir, le menu est affiché, il est suffisamment varié, et le bon marché des plats et du vin, qui est excellent, s'explique par cette raison que les fondateurs du restaurant ne demandent pour tout bénéfice qu'à rentrer à peu près dans leurs frais.

Voici quelques prix :

Pain et vin.		20 centimes.
Viande.	30 et 40	—
Légumes	15 et 20	—
Desserts.	10 et 15	—
Fromages	10	—
Café.	10	—

« Le gérant nous fait observer qu'une somme de 80 à 85 centimes suffit à une ouvrière pour se restaurer convenablement. C'est ainsi qu'il en fait le détail : pain et vin, 20 centimes ; un plat de viande, 30 centimes ; un légume, 15 centimes ; un dessert, 10 centimes, et enfin, le *petit noir*, dont peu d'ouvrières parisiennes sauraient se passer, 10 centimes, total, 85 centimes ; quelques-unes vont jusqu'à 1 franc : ce sont celles qui, gagnant davantage, peuvent se permettre l'extra d'un plat de choix ou d'un dessert plus fin ; mais la moyenne est de 15 sous. Les apprenties, dont le gain journalier ne s'élève guère qu'à 20 ou 30 sous, se contentent ordinairement d'un plat de 30 centimes, ce qui, avec le pain et le vin, fait un total de 50 centimes pour leur déjeuner.

« C'est ainsi : Une jeune apprentie devra vivre d'un plat de viande de six sous et d'un sou de pain ; oui, un repas de 50 centimes devra suffire la fillette de treize à seize ans (âge critique de la croissance et du grand appétit).

« Ici, les ouvrières sont véritablement chez elles, c'est la cordialité qui fait les honneurs de la maison ; en toute liberté elles peuvent causer de leurs petites affaires, de leurs chiffons ; on peut croire qu'elles ne s'en font point faute. Avant de partir pour faire place à une autre fournée, quelques-unes choisiront dans la bibliothèque le livre qui leur convient, elles-mêmes l'inscriront au registre des prêts. Nous remarquerons que toutes sont jeunes ; pour plus d'économie, les plus âgées, mariées et mères de famille pour la plupart, prennent leur repas à l'atelier ; heureusement qu'il est des patrons qui mettent à leur disposition les ustensiles nécessaires pour faire chauffer leurs aliments.

« Dans la bonne saison, c'est-à-dire lorsque le travail bat son plein, douze à quinze cents déjeuners par semaine sont servis dans les restaurants-bibliothèques ; c'est beaucoup, si l'on songe que l'œuvre n'a pas une année d'existence ; c'est bien peu si l'on réfléchit au nombre considérable d'ouvrières qui ne demanderaient pas mieux que de profiter de ces bienfaits tant moraux que matériels, et ne le peuvent faute de place.

« On compte qu'il y a à Paris 88.000 ouvrières couturières, sans parler de celles exerçant des professions analogues ou s'y rattachant. Par ces chiffres on peut se faire une idée du bien qui reste à faire ! »

B

PARTICIPATION AUX BÉNÉFICES

L'exemple de participation aux bénéfices, que nous rapportons dans notre *Petite Enquête* (p. 141 et 142), n'est pas unique pour les métiers de l'*Aiguille* de Paris, non plus que d'autres institutions patronales fort recommandables.

On nous communique le règlement suivant qui donne une idée de ce qu'on peut tenter :

RÈGLEMENT

DE LA PARTICIPATION AUX BÉNÉFICES

ET DES AUTRES INSTITUTIONS DE LA MAISON N...(1)

I. PARTICIPATION. — ARTICLE PREMIER. — A partir du 1er janvier 1892, les bénéfices réalisés par

---

1. La participation aux bénéfices existe dans la maison N... depuis le 1er janvier 1887. Jusqu'à ce jour, le taux de

la maison N..., ateliers de broderies artistiques pour ameublements, seront répartis comme suit :

1/3 à la Direction ;
1/3 au Capital ;
1/3 aux ouvrières.

Art. 2. — Le tiers des bénéfices attribué aux ouvrières est réparti entre elles d'après les *Notes de travail* que chacune d'elles remet le samedi à la direction en passant à la paie.

Art. 3. — L'inventaire est fait chaque année avec le concours de deux ouvrières nommées au scrutin par leurs compagnes.

---

cette participation était de 25 0/0 de bénéfices nets, et c'est en raison des bons résultats obtenus que M. N... met en application le présent règlement.

Résultats.-- Du 1er janvier 1887 au 31 décembre 1892, en six années, il a été distribué aux ouvrières, en part de bénéfices, la somme de 40.800 francs.

Maximum touché par une ouvrière en six ans : Salaires, 12.100 fr ; bénéfices, 2.850 fr.; total, 14.950 fr. ; moyenne 2.491 fr.

Minimum touché par une ouvrière en six ans : Salaires, 6.920 fr.; bénéfices, 1.150 fr.; total, 8.070 fr. ; moyenne 1.345 fr.

Mais, on est obligé de l'avouer, si dignes qu'ils soient d'être multipliés, de semblables exemples demeurent, quant à présent, exceptionnels, dans les métiers de l'aiguille, à Paris.

Art. 4. — Dans les huit jours qui suivront la mise en paiement du bénéfice attribué au personnel, les ouvrières auront le droit de verser en compte courant à la caisse de la maison, tout ou partie des sommes qu'elles auront touchées pour leur part. Il ne sera pas reçu d'argent étranger, c'est-à-dire qu'aucune ouvrière ne pourra verser une somme supérieure à celle qu'elle viendra de recevoir.

Les sommes ainsi versées par les ouvrières en compte courant jouiront de tous les avantages accordés au capital engagé dans la maison, mais sans être passibles d'aucune responsabilité dans les pertes. Ces versements auront droit : 1° à un intérêt de 5 0/0 l'an, et 2° à une part proportionnelle à leur montant dans le tiers des bénéfices accordés au capital. Les sommes versées par les ouvrières en compte courant seront constamment à leur disposition. En cas de retrait dans le courant d'une année, elles toucheront l'intérêt de 5 0/0 pour le temps écoulé, mais perdront tout droit au partage des bénéfices de l'année en cours. Toute somme retirée ne pourra plus être reversée à nouveau.

Les ouvrières ayant un compte courant pourront laisser leur compte s'augmenter des intérêts et de la part de bénéfice qui leur écherra chaque année.

ART. 5. — Les sommes déposées en compte courant par les ouvrières s'ajouteront au capital engagé dans la maison, mais ne pourront être supérieures à la moitié de ce capital.

II. INSTITUTIONS. — ART. 6. — Toutes les ouvrières employées dans les ateliers recevront gratuitement les secours du médecin et les médicaments ordonnés.

ART. 7. — En cas de maladie retenant l'ouvrière chez elle, elle recevra de la maison, pendant les trois premiers mois, une allocation de douze francs par semaine.

ART. 8. — En cas de prolongation de la maladie ou de la convalescence, l'ouvrière, sur sa demande, recevra, à titre d'avance, pendant trois autres mois, la même allocation de douze francs par semaine.

ART. 9. — A sa rentrée à l'atelier, l'ouvrière touchera intégralement, sans retenue, son salaire journalier. Les avances qui lui auront été faites seront remboursées sur sa part de bénéfice, mais seulement jusqu'à concurrence de moitié de cette part.

ART. 10. — Il ne sera pas reporté d'avances

d'une année sur l'autre, le solde de l'avance sera porté au compte de profits et pertes.

Art. 11. — Les ouvrières en couches ne pourront rentrer à l'atelier que quatre semaines après l'accouchement. Elles recevront à titre gratuit une allocation de cent francs au moment de l'accouchement.

C

LA MUTUALITÉ MATERNELLE

De la *Mutualité maternelle*, nous avons peu de chose à dire. Si louable que soit son objet, il est restreint à une seule circonstance de la vie dé l'ouvrière, ainsi qu'on peut le voir par l'article premier des *statuts*.

TITRE PREMIER

BUT DE LA SOCIÉTÉ

ARTICLE PREMIER. — La *Mutualité maternelle* a pour but de donner aux sociétaires, lorsqu'elles seront en couches, une indemnité suffisante pour qu'elles puissent s'abstenir de travailler pendant quatre semaines et pour leur permettre de se soigner et de donner à leur enfant les soins qu'il réclame pendant les premières semaines qui suivent la naissance.

D

LA COUTURIÈRE

La *Couturière*, qui porte pour sous-titre : *Société de Secours mutuels et de Prévoyance*, étend au delà de cette circonstance le cercle de sa bienfaisante activité. Le dernier document que nous ayons sous les yeux en ce qui la concerne est le compte rendu de l'assemblée générale du 3 juin 1894. En 1894, la *Couturière* se composait de 1.101 membres, sur lesquels 875 participants, les autres fondateurs ou honoraires. L'augmentation avait été, pour cette année, de 56 membres. Le président, M. G. Worth, avait cru devoir expliquer, dans son rapport de 1893, que l'Association ne devait pas être absolument, par opposition à ce que semblaient se figurer certains de ses membres, assimilée à un bureau de placement.

« Si les chiffres, que je vous ferai connaître, disait-il, montrent que nous avons consacré tous nos efforts au placement de nos sociétaires, il ne saurait être perdu de vue que nous restons au premier chef une Société de Secours mutuels et de Prévoyance, et que c'est cette action de prévoir qui doit faire l'objet des préoccupations des ouvrières qui se font admettre dans nos rangs.

« Fidèles au programme que nous vous tracions l'an dernier, nous avons établi nos services de médecins, pharmaciens et sages-femmes dans toutes les communes du département de la Seine.

« Votre Comité a, cette année encore, cherché à recruter le plus grand nombre de souscriptions de membres honoraires; mais c'est là un champ d'activité peu étendu, qui se restreint chaque jour, le nombre des amis, à qui nous pouvons faire appel, diminuant à chaque inscription ; ce nombre ne saurait être comparé à celui des membres participants, que leur intérêt bien entendu devrait conduire vers nous.

« Tout en ne pouvant espérer que la générosité de ceux auxquels nous faisons appel sera indéfinie, nous avons été cependant assez heureux pour voir, cette année encore, quarante-et-une personnes nous apporter leur donation à titres divers. »

Les recettes de la Société s'étaient accrues, mais les dépenses en même temps qu'elles, notamment « les frais médicaux, pharmaceutiques et de maisons de santé ».

« Est-ce à dire qu'il y ait plus de maladies que par le passé? Nous ne le croyons pas.

« Nous savons bien que, depuis deux ans environ, l'état sanitaire de Paris a été moins bon ; mais nous croyons pouvoir répéter, en présence de l'indifférence mise par beaucoup à payer régulièrement leurs cotisations, que nous serions tentés de croire que les seules sociétaires, faisant, par leurs versements statutaires, preuve d'une constance que nous voudrions voir chez toutes, sont celles qui ont des soins et des compensations à demander en échange de leurs versements. C'est là le point noir du tableau que j'ai l'honneur de mettre sous vos yeux.

« Loin de nous la pensée de contester le droit absolu de profiter des avantages qu'offrent les associations comme la nôtre en échange d'une souscription fixée d'avance ; mais ce que nous nous voudrions voir, c'est l'usage de ces avantages limité au nécessaire et les adhérentes préoccupées de sauvegarder leur patrimoine. Ce que nous voudrions voir surtout, c'est se développer cet esprit d'économie et de prévoyance, qui tient en même temps à la solidarité; voir un plus grand nombre d'ouvrières se joindre à nous, non seulement pour elles-mêmes, mais pour leurs semblables, et nous apporter leur souscription, non pas tant pour leur profit personnel, mais bien sous l'empire de cette pensée si consolante qu'avec ce léger versement elles peuvent soulager si efficacement celles de leurs compagnes moins favorisées sous le rapport de la santé. »

Et M. G. Worth appuyait cette remarque sur des chiffres :

« Il a été donné 2.298 consultations et fait 1.005 visites à domicile, soit, au total, 3.303 appels faits à notre corps médical.

« Nos sages-femmes ont contribué de tout leur pouvoir au bon fonctionnement de nos services médicaux. 41 sociétaires ont reçu leurs soins cette année. En 1891, 22 adhérentes seulement avaient dû faire appel à leur expérience. Ce sont donc des services presque doublés dont nous devons les remercier et dont je leur exprime doublement toute notre satisfaction. »

Si le placement des sociétaires ne devait pas devenir l'exclusive préoccupation du Comité, il ne s'en était pourtant point désintéressé. Il avait reçu, dans l'année, 460 lettres de demandes de maisons de commerce ou de particuliers, et

355 sociétaires avaient pu être placées par ses soins.

Mais, de toutes ces œuvres, comme on l'a dit (p. 148), la plus importante peut-être, si l'on en juge par la variété des tâches qu'elle s'est assignées, c'est le *Syndicat parisien et Association professionnelle mixte des métiers de l'Aiguille.*

E

LE SYNDICAT DE L'AIGUILLE

NATURE. ET BUT DU SYNDICAT

Le *Syndicat de l'Aiguille* est un syndicat professionnel mixte, c'est-à-dire composé à la fois de patrons ou patronnes et d'ouvrières. Il s'inspire en tout de l'esprit chrétien. Ses fondateurs ont voulu qu'il fût mixte, parce que cette forme est, suivant eux, celle qui se rapproche le plus de leur idéal, l'ancienne corporation de métier. En effet, ils ne poursuivent pas seulement une œuvre de charité, un relèvement de l'ouvrière chez elle, dans la famille, mais dans la profession. Ils se proposent d'établir définitivement la suprématie de la mode française, du goût français, compromise, disent-ils, pendant une quinzaine d'années, en restaurant, avec de sérieuses garanties, l'apprentissage qui n'existe, pour ainsi dire, plus.

Au reste, le P. du Lac, qui s'en est fait le missionnaire, et qui a prononcé de très nombreux discours sur ce sujet, a lui-même expliqué l'utilité et le fonctionnement du *Syndicat de l'Aiguille*, dans une conférence, devant des modistes seulement, à la salle Kriegelstein, 4, rue Charras, le 11 septembre 1893.

D'abord, pourquoi devant des modistes et pourquoi des modistes seulement? Le P. du Lac le constatait, comme tous ceux qui se sont un peu occupés de ces questions : La modiste est infiniment moins malheureuse que la couturière :

« Beaucoup d'entre vous sont réellement à l'abri de tout besoin et au-dessus de tout secours, surtout vous, mesdames et mesdemoiselles, qui êtes de la mode : vous êtes l'aristocratie de l'aiguille, et vous souffrez moins. Non seulement vous souffrez moins, mais, en définitive, pour peu que vous soyez arrivées, vous ne souffrez pas comme dans beaucoup d'autres métiers. J'avais ici, il y a un mois, une réunion pas aussi nombreuse qu'aujourd'hui, mais à peu près; il y avait beaucoup plus de couturières que de modistes, et, naturellement, le tableau était plus sombre. Aujourd'hui, je suis moins à l'aise parce que vous sentez moins les motifs qui peuvent nous porter à vous réunir; il est bon, je crois, de vous les exposer. »

Le *Syndicat de l'Aiguille* comprend les couturières, les modistes, les lingères, les corsetières, les plumassières, les fleuristes, métiers similaires et professions connexes, c'est-à-dire tout ce qui regarde l'habillement des femmes. Après avoir commencé par réunir toutes les ouvrières ensemble, on s'était aperçu qu'il valait mieux les réunir par métier, couturières ensemble, modistes ensemble, etc...

Le P. du Lac en donnait la raison : elle est intéressante et jette quelque clarté sur la psychologie de l'ouvrière parisienne :

« Voulez-vous que je vous dise pourquoi ?... Parce que, il y a un mois, quand nous nous sommes réunis ici, une modiste, qui est très ancienne dans le métier, m'a écrit une lettre très frappante; elle m'a dit : « Tant que vous ne nous « réunirez pas seules, vous n'atteindrez pas « votre but ; » et plusieurs fois déjà les premières m'avaient dit : « Mais, les couturières, « cela nous est égal! Elles souffrent beaucoup « plus que nous, et alors si vous voulez arriver « à un résultat tangible, nous sommes bien « obligées de vous dire que nous ne sommes « pas tenues de donner notre argent pour elles.

« Les couturières ne nous intéressent pas :
« nous sommes de la mode. »

Est-ce donc à dire que les modistes n'ont besoin de rien et qu'il n'y a rien à faire pour elles?
Ce serait vrai peut-être (et encore !) si l'Association de l'Aiguille n'était qu'une œuvre de
charité, mais elle est avant tout professionnelle ;
elle ne poursuit pas uniquement le bien de ses
membres, mais le progrès de la profession. Il y
a, par conséquent, à créer ou à développer l'instruction professionnelle, à ressusciter et à
fortifier l'apprentissage, pour les modes comme
pour les autres métiers de l'aiguille. L'école
professionnelle serait insuffisante, et ce serait
trop peu qu'une direction générale : l'ouvrière,
modiste ou autres, ne pouvant se passer de conseils pratiques. Où les trouver, sinon dans l'Association, dans le Syndicat mixte de patronnes,
d'employées et d'ouvrières de tous ordres? Où,
par exemple, si ce n'est là, aura-t-on la franchise
de dire à l'ouvrière :

« Si vous êtes aux apprêts, et si vous y êtes
depuis plusieurs années et qu'il soit bien constaté que les idées ne vous viennent pas, pourquoi voulez-vous vous acharner à passer garnisseuse? »

« Je sais bien, ajoutait le P. du Lac, que

je vais contre l'opinion de plusieurs d'entre
vous, mais je ne vais pas contre celle des
patrons ou des patronnes, parce que l'idée n'est
pas donnée à tout le monde. Eh bien ! vous
voulez vous acharner, que vous arrivera-t-il?
Vous serez une mauvaise garnisseuse, on ne
vous augmentera pas; et puis, viennent des
mortes-saisons prolongées, viennent des décep-
tions dans les ordres, dans les commandes, on
finira par vous faire comprendre que vous êtes
de trop, tandis que, si vous restiez aux apprêts,
vous deviendriez première apprêteuse, vous y
resteriez, vous auriez un salaire qui s'augmen-
terait en raison de votre ancienneté dans le
métier, et, dans un poste plus modeste, vous
auriez cependant atteint le but auquel à peu
près vous aviez rêvé, étant donnée votre aptitude. Est-ce que je me trompe, mesdames ?
Est-ce que ce que je dis là n'est pas très juste?
Est-ce que ce n'est pas un bon conseil, en définitive? Je sais qu'il déplaît à beaucoup des plus
jeunes; je sais que votre rêve est de devenir
garnisseuses et naturellement, au bout de quelques années, premières, mais, est-ce qu'il n'est
pas exact de dire qu'il y a des personnes à qui
l'idée, c'est-à-dire la nouveauté... j'allais dire
du mode, parce que je suis plus philosophe que

modiste... de la mode est refusée? Qui est-ce qui vous donnera ce bon conseil? Lorsque vous aurez un Conseil syndical formé d'un nombre égal de patronnes et de premières garnisseuses ou apprêteuses, de bonnes employées anciennes dans le métier, qui n'auront aucun intérêt à ne pas vous conseiller juste et droit, c'est là où vous rencontrerez ce bon conseil. »

Ainsi, le Conseil syndical mériterait tout à fait son nom et, par lui, le patronage ne serait plus un vain mot ni une forme vide. L'ouvrière y gagnerait et le métier y gagnerait. Le P. du Lac continuait en ces termes :

« Maintenant, quel est l'avantage de ce syndicat mixte? Je vous ai parlé un peu de l'art, chemin faisant. L'avantage de l'Association professionnelle mixte n'est pas seulement de moraliser, c'est de faire droit aux exigences du métier, de le développer et d'aider à celles qui commencent à s'y initier. Là j'insiste. Je ne crains pas que vous me contredisiez : les commencements de votre métier, de votre profession, de votre art, si vous voulez, sont durs. S'ils ne l'étaient pas, ce ne serait pas l'art qu'il est. « Rien de beau, dit de Maistre, n'a de grands commencements. » Les commencements sont très durs.

Les modistes sont exposées aux mêmes hasards, aux mêmes dangers que les autres ouvrières. Il n'est pas rare que plusieurs d'entre elles aient la table chez la patronne, mais, pour celles qui ne sont pas nourries, la « gargote » s'ouvre comme pour les couturières, avec tous ses pièges et tout son poison. On a songé à y porter remède, par les restaurants d'ouvrières :

« Il a été fondé des restaurants qui ont déjà servi 78.000 repas. Ils ont donc atteint leur but. Toutefois, sur ces 78.000 repas, il n'y a que 1.100 repas du soir. Pourquoi? je vous le dis: parce que... (vous ne serez pas tentées de passer de la mode à la couture), parce que, quand elles veillent, elles ont, à 6 heures, le goûter, c'est-à-dire un quart d'heure pour manger un peu de charcuterie qu'une petite main est allée chercher auprès, et qu'on mange dans l'air empesté, surchauffé, de l'atelier. Vous voyez la différence. Mais, cependant, il ne faut pas que vous puissiez oublier, vous, que les modistes souffrent quand elles sont jeunes. Vous voyez bien tout de suite ce que je vise : je veux arriver à vous faire signer la feuille qu'on vous distribuera, à vous faire entrer dans cette Association professionnelle mixte, pour plusieurs raisons. La première, c'est pour secourir celles qui commencent. Je ne crois pas du tout qu'aucune d'entre vous soit capable de me répondre : « Moi, je suis arrivée! » et, par conséquent, j'insiste sur ces souffrances du commencement.

Une des plaies de la petite modiste, du modillon, sauf dans les grandes maisons, ce sont les courses qu'on l'envoie faire aux extrémités de Paris :

« Il m'est arrivé bien des fois, s'écriait le P. du Lac, de recevoir la visite d'une pauvre mère m'amenant sa fille et me disant : — Je vous amène mon enfant. — Quel âge a-t-elle, Madame? — Quinze ans. — Qu'est-ce qu'elle a?... — Les pieds enflés. — Pourquoi donc? — Ah! parce qu'elle est coursière. — Mais vous ne la mettez donc pas apprentie? — Ah! si, mais c'est la même chose. Elle vient de faire trois mois, six mois d'hôpital pour chevilles enflées.

« Des journées passées tout entières en courses : le matin, vers 11 h. 1/2, à Neuilly ou à la Bastille, l'après-midi ailleurs, le soir aux gares de Lyon ou d'Orléans et, quelquefois, pour le lendemain matin, d'autres courses encore, sous prétexte que c'est « tout près de son chemin », en venant de chez elle au travail. Pour nourriture un petit pâté en marchant, un verre de vin sur le comptoir, et, au retour, un peu de charcu-

terie. Des courses et des courses, sous la pluie
et le soleil; des appointement dérisoires, une
excessive dépense de vêtements. Et, de temps
en temps, la maladie au bout.

« Naturellement, les maisons qui agissent
ainsi changent souvent leurs victimes... Naturellement ! car j'ai entre les mains des lettres de
pauvres mères qui écrivent et qui disent :
« Voilà quatorze mois que ma fille est chez vous,
« elle ne sait rien, elle n'a fait que des courses et
« elle est malade. » Alors on ne le garde pas. Mais
comme cette jeune fille n'a pas appris à travailler, elle retombe dans le même genre d'emploi. »

Voilà le pire : c'est que la jeune fille n'a pas
appris à travailler. Qui veillera à ce qu'elle l'apprenne? Qui suppléera à ce qu'elle ignore? Le
Syndicat, l'Association professionnelle mixte.

Ce n'est pas le seul bénéfice que les ouvrières
y trouveront. C'est le premier, mais ce n'est pas
le seul. Leur placement sera rendu plus facile.
En cas de misère, elles seront tout de suite
secourues. Enfin le conseil, qui ne leur manquera plus pour les choses du métier, ne leur
manquera pas pour leurs affaires privées :

« Il y a le secrétariat du peuple que nous
avons adjoint à l'Association professionnelle

mixte, c'est-à-dire, l'entremise de quelques hommes de loi, l'entremise gratuite pour les régularisations de comptes, de papiers de famille, de contentieux, et il m'est arrivé que des personnes d'entre vous, qui sont peut-être ici, sont venues me trouver ; une, entre autres, est venue me dire : « Il s'agit de 1.000 francs qui « m'appartiennent, qu'un homme m'a pris soi-« disant pour arranger une affaire ; je ne peux « pas les avoir. C'est cependant un homme de « la partie, un homme de loi. »

« Quand les « hommes deloi » qui s'intéressent à l'Association professionnelle mixte s'occupent de cela, c'est un jeu, parce que, lorsqu'un homme qui a manqué de délicatesse à l'égard d'une employée, qui est jeune et sans expérience, voit se dresser devant lui la loi, un homme qui la représente, il cède tout de suite et, sans aller à l'extrémité, il suffit de le lui dire. Ces choses-là ne coûtent rien du moment qu'on est de l'Association professionnelle mixte parce que nous avons un certain nombre d'hommes de loi bien situés qui ne demandent pas mieux que de nous aider. »

Cela, pour le présent, mais on ne néglige pas l'avenir. La prévoyance n'est malheureusement pas plus une vertu de l'ouvrière qu'elle n'est une vertu de l'ouvrier. Ici, les bons élans du cœur ne peuvent pourvoir à tout ce qui les sollicite. Il faut qu'il y ait quelque chose de continu, d'organisé. Aussi, les promoteurs du *Syndicat de l'Aiguille* vivent-ils dans l'espoir « de pouvoir fonder une caisse de retraites, parce que vous, ouvrières, vous êtes au-dessus de tout secours en ce moment, mais vous pourrez en avoir besoin plus tard; vous pouvez vieillir. Il faut donc penser à l'âge mûr (vous n'y pensez guère) et à une caisse de retraites possible. Je sais bien que vous êtes généreuses, que l'habitude de faire des quêtes dans le travail (1) pour aider des infortunes, pour un témoignage de sympathie à un chagrin, est très répandue parmi vous, mais c'est accidentel, ces faits-là. Ce qui fait la force d'un métier, c'est l'union, c'est-à-dire la certitude qu'on peut compter les uns sur les autres. »

Reviendrait-on à la corporation?

Le *Syndicat de l'Aiguille* n'en aurait pas peur et ne cache point qu'à son gré il serait désirable d'y revenir :

« Nous avons, en Angleterre, de grands exemples

---

1. Terme technique dont se servent les modistes pour désigner l'atelier.

de ces unions. Nous er avons aussi dans notre histoire, et c'est précisément parce que, dans notre histoire, l'union des ouvriers et des ouvrières a joué un grand rôle, que ces corporations d'autrefois étaient remplies de force, de charité, d'adresse et d'intelligence dans le développement du métier, que l'on cherche à y revenir aujourd'hui, et l'on y revient, remarquez-le bien, non pas du tout par cléricalisme ou par un sentiment de religion, que je ne renie pas, quant à moi, mais parce que c'est la nécessité même du métier. »

Qu'elle le veuille ou ne le veuille pas, la loi sur les syndicats ouvriers ramène à une union de métiers qui ressemble plus ou moins à une corporation, plus ou moins fermée, mais dont le meilleur type, recommandé par les auteurs mêmes de la loi, est l'association mixte dans chaque métier, avec un Conseil syndical où se rencontrent, à forces proportionnées, employées et patronnes. Ainsi du Syndicat et de l'Association mixte de l'*Aiguille*. On a vu, par ce qui précède, qu'un de ses objets est de restaurer l'apprentissage et de parfaire l'instruction professionnelle des ouvrières. Mais, pour les métiers qui confinent à l'art et notamment pour les modistes, ce serait trop peu que de leur donner les moyens d'acquérir l'habileté manuelle ; il s'agit d'éveiller et d'entretenir en elles le goût, la recherche du nouveau, le souci du style, l'invention. L'*Aiguille* n'a pas manqué de s'en préoccuper.

« Je le sais, poursuivait le P. du Lac, et vous le savez bien mieux que moi, les difficultés pour vous, ce sont les idées. Je me rappelle, quand nous avons créé l'exposition des poupées qui sont maintenant à Chicago et que les Américains, entre parenthèse, admirent beaucoup, la partie difficile a été celle des modes, parce que les poupées avaient 70 centimètres de haut (il y en avait 28) et ces chapeaux si petits, sur une tête correspondant à un corps de 70 centimètres ont tout de suite un aspect qui n'a rien de très élégant. Eh bien, cependant, les patronnes modistes s'y sont mises avec beaucoup de dévouement et de goût, et, en somme, cette exposition de poupées, envoyées ensuite à Chicago et qui représentaient toute l'histoire de la mode, a eu un certain succès. Mais on avait vu les modèles dans des gravures, dans des photographies, dans l'histoire de la mode depuis les premiers siècles jusqu'à nos jours. Lorsqu'il s'agit de faire une révolution quelconque dans la coiffure, dans le chapeau, enfin dans la mode, comment fait-on? Vous le savez bien, on cherche et on cherche où? On cherche dans les gravures, dans l'histoire, dans les tableaux. »

En ce cas, comme en beaucoup d'autres, l'invention n'était guère que de la reproduction. Elle consistait d'abord à copier, quitte à modifier où il y avait lieu. Mais, avant de copier, une question préalable se pose :

« Vous les auriez copiées?... Savez-vous dessiner? Combien y en a-t-il parmi vous qui soient capables de faire un grand revers de chapeau et de distinguer entre le blanc et l'ombre? Je vous pose la question, parce que je sais la réponse. C'est ce qui vous manque. Eh bien, deux fois par semaine, dans cette salle que nous ouvrirons pour donner des leçons d'apprêts, nous pourrons donner des leçons de dessin, et j'espère m'adresser à des hommes et à des dames qui seront capables de vous apprendre du dessin, non pas ce qui peut être inutile, mais, en très peu de temps, ce qui vous est nécessaire, parce qu'en définitive il n'est pas nécessaire de faire la bosse, de faire les grandes académies au trait, de tirer des plans rectilignes pour figurer un chapeau : il suffit, quand vous l'avez vu dans une gravure, de pouvoir le représenter de telle sorte que vous l'expliquiez

à l'apprêteuse, ou à la recopieuse, ou à la garnisseuse, cela suffit. C'est nécessaire, et je crois
que cela vous manque beaucoup. Il me semble
que c'est un service rendu au métier, et qu'à ce
titre-là l'Association professionnelle mixte est
une chose désirable, car je ne crois pas que cela
existe. Je crois que tout ce qui peut servir à
vous donner des idées est excellent; je crois que
tout ce qui peut servir à élever votre talent, à
le former, est excellent; et je crois que vous ne
trouverez ces choses que dans la réunion. Où
les trouvez-vous généralement?... En causant
entre vous, me dites-vous. Et trouvez-vous que
cela suffise? En allant au bois, me dites-vous ?
Mais vous ne verrez jamais au bois que ce qui
existe. Par conséquent, vous ne ferez jamais
que recopier. Cela vous donnera des idées jusqu'à un certain point, mais vous savez parfaitement que vos premières garnisseuses, si elles
veulent en avoir de nouvelles, vont à la Bibliothèque nationale voir les estampes. Eh bien!
c'est ce que nous pourrons procurer par la Bibliothèque à l'Association professionnelle mixte,
avec cet avantage, en plus, que le cours de dessin mettra les ouvrières en mesure de consulter
les images et les livres avec fruit. Ce cours doit
être gratuit ou à peu près, puisque la cotisation

à verser ne dépassera pas vingt sous par an. »

Les leçons de dessin 'ont commencé au mois de septembre de l'année dernière, ainsi que le P. du Lac l'annonçait dans une seconde conférence, faite le 26 du même mois. Chacune d'elles réunit vingt, vingt-cinq ou trente jeunes filles; c'est tout ce qu'il en faut pour qu'elles soient profitables. Mais il paraît que la persévérance, au début, a fait un peu défaut, et que, le second jour, il manquait presque la moitié des élèves qui, le premier, étaient peut-être venues surtout par curiosité. Les bonnes volontés n'en étaient pas découragées, au contraire, et le cours de dessin, à peine inauguré, allait se doubler d'un cours de travail, qui répond proprement à l'apprentissage, — mais à l'apprentissage poussé assez loin.

Enfin, comme venait l'hiver, « tueur de pauvres gens », avec son cortège de chômage et de gêne, on rappelait aux ouvrières qu'il y avait, 129, rue de l'Université, une maison de famille où elles trouveraient, si elles n'en trouvaient pas d'autre en ce moment, « du travail de perles, travail un peu ingrat, peu rémunérateur, » mais qui permettrait d'attendre plus et mieux. La maison de la rue de l'Université est, d'ailleurs, dans la force du terme, une *maison de famille,*

15.

non pas seulement un refuge de passage pour les ouvrières sans travail. On y attendait le soir, pour la veillée, on y logeait, à cette date, trente-six ouvrières qui, le matin, partaient en emportant les provisions de la journée.

Malgré tout, en dépit de telle ou telle exception, le P. du Lac s'écriait, avec raison, que l'on n'avait encore presque rien fait pour les ouvrières en France, rien non plus en Betgique :

« Ce métier, cette profession de la mode est donc absolument française et parisienne. C'est ce que nous avons dit d'abord. Nous avons dit qu'elle apportait à la nation, au pays, un grand nombre de millions, qu'elle lui était extrêmement profitable ; et puis, nous avons dit aussi qu'il n'y avait rien, qu'il n'y avait eu, jusqu'à présent, véritablement rien de fait en faveur des modistes, non seulement en faveur des modistes, mais en faveur des femmes ouvrières et employées en général. C'est une chose très extraordinaire, il n'y a rien eu de fait ni en France ni en Belgique. J'ai été, l'année dernière, en Belgique, à Bruxelles ; et, avant de parler pour les patronnes et pour les ouvrières et les employées de Bruxelles, je m'étais enquis, j'avais fouillé les enquêtes de l'industrie et du commerce, j'étais allé trouver, la veille, le prési-

dent de ces enquêtes, et je lui avais dit : « Mais
« voyez donc : vous ne vous occupez pas des ou-
« vrières et des employées. Toutes les fois qu'il y
« a un métier d'homme auquel ressortit un mé-
« tier de femme, vous le nommez, même les car-
« touchières, même les armurières, mais les
« 150.000 dentellières, mais les couturières, les
« modistes, pas un mot, parce que cela ne res-
« sortit pas à un métier d'homme. » Il me dit :
« — « C'est vrai. » — « Mais pourquoi? » — « Ah !
« voulez-vous? La femme n'est pas électeur, la
« femme ne fait pas de grève : on ne s'occupe pas
« d'elle ! »

Eh bien! mesdames et mesdemoiselles, s'il n'y
rien pour la femme, en faveur de l'ouvrière et
de l'employée (je ferai une petite exception
tout à l'heure pour les fleuristes et les plumassières), s'il n'y a rien pour la femme, c'est un
danger pour elle, c'est un danger pour vous. »

Et le conférencier reprenait :

« Je vous ai dit que je faisais une exception.
Oui, il y a une *Union paternelle des fleuristes et
des plumassières*, et j'ai noté la phrase même par
laquelle en a rendu compte M. Albert Leduc, le
rapporteur de l'Exposition de 1889. M. Leduc
est un chapelier qui a fait le rapport sur la
classe numéro 36, rapport extrêmement remar-

quable, après la grande Exposition de 1889. Il
dit ceci : « Il existe à Paris une société pour l'as-
« sistance paternelle des apprentis de l'indus-
« trie des fleurs et plumes, qui a pour but
« l'instruction et la moralisation des jeunes
« ouvriers des deux sexes et rend les plus grands
« services. »

« Et M. Leduc décerne à cette institution des
éloges très mérités. Eh bien! quand il vient à la
mode, il dit :

« Il n'y a rien, dans la mode, qui soit non
« seulement comparable à cela, mais il n'y a ab-
« solument rien. »

« Il en donne l'explication ; pour cause, pour
excuse, il avance la dissémination des employées. Je ne sais pas si c'est la vraie cause,
mais le fait est qu'il constate qu'il n'y a absolument aucune assistance paternelle et aucune
société, dans la mode, qui puisse rendre un service quelconque aux modistes. C'est là ce que
nous avons dit d'abord et ce sur quoi je voulais
revenir pour bien le constater, parce que, enfin,
s'il n'y a rien et que nous prouvions qu'il faut
quelque chose, la conclusion sera toute naturelle.

« Je dois donc vous dire, n'est-ce pas, et vous
êtes de mon avis : c'est une chose palpable : il
n'y a rien, absolument rien. »

Mais, justement parce qu'il n'y a rien de fait, il y a quelque chose à faire pour la vieillesse qui, dans la mode, ne vient que trop vite. Du moins, il n'y a rien de spécial à la profession, il n'y a que les sociétés, ouvertes à tous, de prévoyance et d'assurance mutuelles :

« Je sais que plusieurs d'entre vous m'opposent l'*Avenir*. Allez à l'*Avenir* tant que vous voudrez. Ah ! je ne suis pas ici pour dire du mal des Sociétés de secours mutuels et des autres Sociétés qui se fondent. Je les approuve et je vais vous en faire tout l'éloge possible. Mais, les reproches que vous pouvez faire à notre Société de l'*Aiguille*, je les réunis tous en un seul que je vous retourne : Vous manquez de persévérance. Elle commence, elle ne peut pas encore être bien forte : l'enfant qui grandit n'est pas un homme. C'est vrai, la Société de l'*Avenir* est une Société qui assure une rente au bout de vingt-cinq ans de souscription, rente qui ne peut pas être moindre de 30 francs par an et qui ne peut pas être supérieure à 300 francs. C'est cela. Elle assure, en outre, les soins gratuits des médecins et les remèdes du pharmacien. Mais, en 1861, elle comptait un membre ; en 1865, elle en comptait 3... Je ne dis pas cela pour la critiquer, je dis cela pour l'approuver, et vous verrez que mon raisonnement est très fort et, quand je me retournerai vers l'*Aiguille*, j'aurai le droit de vous dire : Voyez donc... En 1866 (j'ai fait le calcul exprès auparavant), elle en comptait 6, 3 nouveaux ; en 1867, 6 nouveaux, en 1868, 2 nouveaux ; en 1869, 8 (je ne mets pas le mot nouveaux, mais il faut toujours additionner), en 1871, 3 ; 1872, 15 ; 1873, 23 ; 1874, 24 ; 1875, 22 ; 1876, 25 : 1877, 22 ; 1878, 31 ; 1879, 39 ; 1880, 49 ; 1881, 29 ; 1882, 29 ; 1883, 28 ; 1884, 26 ; 1885, 21 ; 1886, 23 ; 1887, 7 (c'est une mauvaise année); 1888, 46 ; 1889, 50 ; et je passe : 1892, 71 ; 1893, 47. Mais ce n'est pas fini. Voilà une Société qui, maintenant, compte, je crois, à peu près un millier d'adhérentes, et qu'est-ce qui lui a valu le succès qu'elle rencontre ?... c'est la persévérance ; c'est qu'elle n'a pas cessé. Eh bien ! permettez-moi de vous dire qu'à la dernière réunion, vous avez signé au nombre de 94, séance tenante : que la Société, l'Association professionnelle mixte de l'*Aiguille*, ce jour-là, comptait déjà 543 membres de tous les métiers. Il y avait là-dessus 38 modistes. Dans une réunion mixte de modistes et de couturières, que j'avais tenue le matin, il y a à peu près deux mois, 38 modistes étaient ajoutées ; cela faisait 76 ; et 94 à la dernière réunion, 94 et 76 font, si je ne me trompe, 170. Vous voyez donc que nous marchons vite... trop vite, parce que j'ai peur que vous manquiez de persévérance, et ce que j'admire dans cette Société ce n'est pas qu'elle ait commencé par un membre (je supplie les 171 membres qui ont signé de ne pas retirer leur signature) mais c'est qu'elle a persévéré et continué, et c'est la force d'une Société. Vous comprenez très bien qu'une personne qui verse une cotisation, quand cette cotisation est minime, ne verse pas grand'chose, mais les années s'ajoutent, et cette Société-là a déjà secouru 61 membres par le don de retraites, de rentes ; il y a 61 membres, dans ces trente années, qui ont reçu une rente. Je ne sais pas la valeur de chaque rente, mais elle oscille entre 30 et 300 francs par an. Vous me direz que c'est peu, mais ces choses-là sont très difficiles. Il y a, en somme, 200.000 francs en caisse, qui assurent cette rente. Toute espèce de Société de ce genre procède lentement.

« L'important, c'est de durer. Vous me répondrez : — Votre cotisation est ridicule, illusoire. Qu'est-ce que vous voulez qu'on fasse avec 20 sous par an? Je suis absolument de votre avis.

« La cotisation de l'*Avenir* est de 2 fr. 50 par mois, 30 francs par an, et c'est moyennant cela qu'on arrive à avoir les soins des médecins, les secours pharmaceutiques gratuits et cette rente assurée au bout de vingt-cinq ans. Je ne sais pas ce que le Conseil syndical décidera, mais j'espère que votre cotisation sera notablement augmentée, et je crois qu'elle doit l'être. »

Et le P. du Lac énumérait à nouveau les bénéfices que, dès aujourd'hui, une ouvrière pouvait retirer du Syndicat de l'*Aiguille* : 1° Bureau de placement gratuit, réservé aux associées; 2° caisse de prêts gratuits pour les employées et les ouvrières; 3° consultation gratuite d'hommes de loi, par l'intermédiaire des secrétariats du peuple; 4° leçons de dessin et de travail.

Quant au lendemain, il n'est pas défendu, il est salutaire d'y penser. D'autant plus que, pour les modistes, on le répète, le triste lendemain vient plus tôt que dans les autres professions.

Et vous vous dites à vous-mêmes :

« Quand je ne pourrai plus, j'aurai cette rente que me donne la Société de l'*Avenir*, si j'y entre, et que me donne la vôtre, si vos caisses de retraite réussissent ». C'est quelque chose, mais je rêve mieux et il me semble que si l'on pouvait avoir, dans le voisinage de Paris, une maison avec un parc et y faire une sorte de retraite pour les employées de la mode, qu'elles puissent là vivre ensemble et se loger, il me semble qu'il y aurait là un avenir assez doux à envisager. »

Pour y réussir il faudrait, certainement, le concours des patronnes, mais le refuseraient-elles? Ne peut-on compter sur leur charité? Tant d'argent n'est pas nécessaire !

« Quand on voit que la société l'*Avenir* donne une retraite à soixante et un de ses membres, je conçois quelque espérance et j'espère que nous pourrons arriver à réaliser, outre l'avantage immense, incalculable, de remplir notre devoir de charité fraternelle envers toutes celles du même métier que vous, que nous pourrons peut-être réaliser l'œuvre d'une maison de famille, d'une maison de retraite pour les employées modistes qui ne peuvent plus travailler. »

F

Dans ces deux conférences du 11 et du 26 septembre, faites séparément aux modistes, le P. du Lac s'était inspiré d'un *Rapport sur l'assistance par le travail* pour les ouvrières de l'aiguille, qu'avait, au mois de janvier précédent, rédigé M. E. Aine, patron de modes, secrétaire-adjoint de l'*Association de l'Aiguille* et dont il est bon de détacher les passages essentiels. M. Aine y mettait, avant tout, en lumière le caractère chrétien de cette association :

« En cherchant à réunir dans une association corporative les intérêts à première vue différents des patronnes, des employés et des ouvrières vivant à Paris du travail de l'aiguille, nous n'avons pas seulement voulu faire pénétrer l'idée religieuse dans ce milieu ; nous avons eu à cœur de faire œuvre sociale en faisant revivre le type des anciennes corporations ; et, en nous adressant à la femme, nous savions atteindre la partie de la société la plus intéressante, parce qu'elle en est aussi la plus faible, la moins soutenue.

« A peine fondée, l'Association de l'*Aiguille* a su s'affirmer ; l'idée corporative a fait son chemin, la solidarité et la mutualité professionnelles n'ont pas tardé à être comprises et mises en pratique par les associées.

« L'exposition professionnelle qui a eu lieu au printemps dernier a été la première manifestation du syndicat.

« Le bureau de placement, offres et demandes d'emploi, en a été la seconde.

« La Caisse de prêts gratuits en sera la troisième.

« En créant cette caisse de prêts, nous avons eu pour but de venir en aide à celles qu'une cause accidentelle, une maladie, un chômage prolongé a mises dans une gêne momentanée. Nous avons pensé que le travail pouvait représenter une valeur sur laquelle la corporation devait faire certaines avances dans certaines conditions.

« Mais, si nous voulons jusqu'au bout poursuivre notre œuvre de solidarité, nous nous trouvons amenés à venir en aide, d'une autre façon, à beaucoup de ces malheureuses qui se sont vues dans l'obligation de contracter une dette envers la corporation ; nous devons leur fournir le moyen de se libérer en leur procurant un travail rémunérateur, si elles n'en ont pas.

« D'autres sont sur le point de tomber dans la misère pour des causes diverses ; le devoir de l'Association est encore de leur accorder sa protection, en leur procurant les moyens d'existence.

« L'œuvre est difficile, mais si attrayante ! La corporation venant en aide à ceux de ses membres qui sont les plus faibles : les riches aidant les pauvres, et les heureux fraternisant avec les malheureux ! »

M. E. Aine dit : *la corporation*. Tout, dans le système qu'il propose, part du principe corporatif. Il voudrait des associations coopératives de consommation et de production, mises en œuvre sous le patronage et la direction de la corporation : « Les bénéfices de l'une combleraient les déficits probables de l'autre ;

« La corporation faisant le fonds social nécessaire à la marche des associations coopératives, ou bien servant de garantie au capital dont elle pourrait avoir besoin ;

« La corporation achetant la matière première, faisant fabriquer sous sa responsabilité ; réglant le travail suivant les saisons, acceptant comme ouvrières celles qui, dans l'association, lui paraîtraient dignes d'intérêt ; donnant un salaire plus élevé à celles qui seraient soutien de famille ou qui, ayant beaucoup d'enfants, seraient dans l'impossibilité de subvenir aux frais d'entretien ; enfin vendant elle-même les produits de ses ateliers.

« Une telle association coopérative de production aurait comme complément obligatoire une association coopérative de consommation, association achetant et vendant à ses membres les denrées, les articles d'habillement, et peut-être aussi devenant une véritable maison de gros, en fournissant petit à petit tous les produits nécessaires à l'industrie des couturières.

« Là encore, dans cette association de consommation, des avantages seraient accordés aux associées reconnues dans l'impossibilité de subvenir à leurs charges de famille. Des bons à prix réduits pourraient être créés. »

Ces quelques idées, observe M. Aine, on ne

les présente pas comme des nouveautés : elles ont déjà reçu des applications heureuses. La nouveauté serait de les voir appliquer là où elles peuvent acquérir leur plein développement, dans un Syndicat mixte de maîtres et d'ouvriers, dans une corporation et, qu'on ne l'oublie pas, dans une corporation chrétienne (1).

M. Aine conclut, sur ce point : « L'Association coopérative de corporation, intelligemment dirigée, donnerait sûrement des résultats et vraisemblablement de beaux bénéfices ; peut-être pourrait-on y faire entrer certains ouvroirs ou écoles professionnelles.

« Les bénéfices de cette corporation aideraient à supporter les charges de l'association coopérative de production. De ce côté, en effet, il y aurait plus d'aléas. Peut-être arriverait-on à couvrir les frais généraux, mais en tout cas il ne faudrait pas compter sur des bénéfices. »

A ces deux sociétés coopératives, viendrait tout naturellement se joindre une Banque de Crédit mutuel. Elle arriverait en son temps,

---

1. Il est clair que le sentiment religieux introduit dans les données mêmes du problème, un très puissant élément de solution. Mais peut-il toujours y être introduit? Ou le peut-il, seulement, dans un assez grand nombre de cas?

quand les coopératives fonctionneraient convenablement.

« Demandez seulement à chaque ouvrière, à chaque employée, à chaque patronne, d'abandonner une part sur son salaire, ses appointements ou ses bénéfices! Quelles sommes énormes n'auriez-vous pas?

« Le salaire, en effet, représente en moyenne 10 0/0 du chiffre de vente, du moins dans la couture; les appointements, 5 0/0 environ.

« Demandez à l'ouvrière d'abandonner 1 0/0 sur son salaire, à l'employée 1 0/0 sur ses appointements; à la patronne, demandez-lui une contribution égale à celle de l'ouvrière et à celle de l'employée réunies. »

Serait-ce exagéré? M. Aine ne le pense pas :

« La difficulté consisterait à faire pénétrer ces idées parmi les associées.

« D'ailleurs l'association coopérative pourrait être fondée, avant l'application du principe de la retenue sur les bénéfices; cette application viendrait vraisemblablement d'elle-même si l'association coopérative était appréciée. Elle ne serait peut-être même pas nécessaire.

« Quoiqu'il en soit, si chaque associée consentait à faire ce sacrifice sur les bénéfices, il serait facile de créer toutes sortes d'œuvres dont les revenus faisant retour aux associées, celles-ci récupéreraient aisément et même au-delà les sacrifices momentanés qu'elles auraient faits.

« Quelles ressources une telle organisation pourrait-elle donner? Il me semble facile de l'établir.

« On peut en effet estimer que nous arriverions à grouper dans notre association 400 patronnes couturières, modistes, lingères, brodeuses, fleuristes, faisant en moyenne chacune 40.000 francs d'affaires par an, soit au total 16 millions d'affaires.

« Les salaires 10 0/0 donneraient 1.600.000 fr.

« Les appointements 5 0/0 donneraient 800.000 fr.

« Les cotisations monteraient à 48.000 fr. environ.

« Ces 400 maisons emploieraient environ 2.000 ouvrières et 400 employées; chaque ouvrière gagnant en moyenne 800 francs par an et chaque employée 2.000 francs. Pour cette dernière catégorie, le chiffre peut paraître élevé, mais il faut remarquer qu'elles ne sont occupées que dans des maisons importantes, susceptibles de payer les employées un prix relativement élevé, ce qui fait monter la moyenne, les unes étant payées 1.000 francs et les autres 4.000 francs et même au-delà.

« Une maison *** qui est supposée faire
1.000.000 d'affaires, m'a affirmé avoir payé
90.000 francs de main-d'œuvre à 65 ouvrières ;
la même maison occupe 12 employées, mais
j'ignore quel chiffre d'appointements elle
a payé. Les bénéfices de la maison sont de
100.000 fr.

« Dans cette maison, d'après mes calculs, les
ouvrières auraient abandonné 900 francs à la
caisse corporative, les employées 450 francs,
et le patron 1.350 francs. Prises isolément, ces
sommes peuvent paraître élevées, mais pour des
résultats aussi importants, obtenus dans ces
maisons, ils paraîtront à beaucoup de personnes
encore trop insignifiants.

« Avec de pareilles ressources, s'écriait
M. Aine, et avec les bénéfices que pourraient
donner les associations coopératives, quel bien
ne pourrait-on pas réaliser ! »

Puis il passait aux objections et, s'il s'en faisait à lui-même plusieurs, il n'en rencontrait
point qui l'arrêtât.

« Pour terminer, ajoutait-il, je voudrais vous
expliquer comment nous pensons dans notre
Syndicat organiser la Caisse de prêts gratuit
aux ouvrières et employées.

« Nous pensons la constituer au capital variable de 10.000 francs, divisé en 100 parts de bienfaiteur de 100 francs.

« Pour assurer l'existence de cette Caisse, nous voudrions que son capital fut inaliénable; si, ce qui est présumable, la caisse venait à subir des pertes, la corporation devrait les rembourser soit au moyen de ses ressources personnelles, soit au moyen des dons qu'elle pourrait recueillir.

« Cette Caisse ne serait pas mise sous la forme des sociétés anonymes; ne devant et ne pouvant pas donner des bénéfices, elle ne peut avoir un caractère commercial. Elle serait simplement une société civile de bienfaisance. Elle pourrait avoir un Conseil d'administration pris partie dans l'association, partie en dehors.

« Appliquant les principes de Buchez, j'aurais voulu que les cotisations des associées de l'*Aiguille* et, plus tard, leurs retenues sur salaires ou bénéfices ne soient pas dépensées, mais bien placées en rentes sur l'Etat, afin de constituer le capital de l'Association devant rester inaliénable et indivisible, grossissant ainsi de génération en génération et servant de capital de garantie.

« Jusqu'à l'organisation des sociétés coopératives devant certainement produire des bénéfices et parer aux frais généraux de l'Association, c'est par des ressources prises en dehors des cotisations que le Syndicat devrait payer toutes les dépenses : ressources produites par des expositions professionnelles, ventes de charité faites par des dames patronnesses, etc. »

G

LE SYNDICAT MIXTE DE L'HABILLEMENT

DE CARCASSONNE

La plus complète des œuvres destinées à venir en aide aux ouvrières, celle où tout se trouve réuni et que l'*Association parisienne de l'Aiguille* a jugée digne de lui servir de modèle, est le *Syndicat mixte de l'habillement*, fondé à Carcassonne sur l'initiative et, en grande partie, par les soins de M. l'abbé Combes. Il montre, dit un travail, lu au printemps dernier devant le Congrès des œuvres sociales et économiques « ce que doit être une *corporation* intelligemment constituée ». Cette corporation de Carcassonne peut être, en effet, citée comme exemple.

« Elle assure à ses associées :

1° *L'Enseignement professionnel*, où, sous la direction de maitresses spéciales dirigées elles-mêmes par les maîtresses couturières, les jeunes filles apprennent les métiers d'aiguille, en même temps qu'elles se pénètrent de l'esprit de corps et de l'honneur du métier.

2° *Le Contrat d'apprentissage*, qui lie la patronne et l'apprentie pour une période déterminée et aboutit au concours du chef-d'œuvre, donnant droit à une prime donnée par la corporation et mise très intelligemment au compte de l'ouvrière pour lui être versée à sa majorité.

Ces deux institutions : *Cours professionnels et apprentissage* se trouvent liées ensemble et jouent un rôle important pour le développement régulier de la corporation ; les incapables, les non-valeurs, se trouvent de ce fait écartées. La corporation atteint, petit à petit, le maximum de la capacité professionnelle ; elle devient florissante, par suite de la capacité même de ses membres.

3° *La Société de secours mutuels* qui prévient la misère, engendrée souvent par la maladie, avec *Caisse annexe de subsides ou de prêts* pour celles dont une trop longue maladie aura déséquilibré le budget.

16.

4° L'*Économat domestique* ou *Société coopérative d'achats* où les syndiquées, grâce à la force de l'association, trouvent à meilleur compte ce dont elles ont besoin, soit pour leur nourriture, soit pour leur entretien.

5° L'*Agence de placement* pour les ouvrières, placement pour ainsi dire assuré, à laquelle se joint l'*Agence de renseignements et de consultations gratuites*.

6° La *Caisse de famille* venant (toujours au nom de la corporation) en aide aux ouvrières veuves avec enfants ou ayant à leur charge des parents infirmes. Cette caisse complète, dans une certaine mesure, l'insuffisance du salaire dont la base, dans les métiers de femmes, est calculée généralement pour subvenir à l'existence d'une personne, mais non pas de **plusieurs**. La corporation, étant une famille, doit aider ceux de ses membres qui, par suite de causes indépendantes de leur volonté, se trouvent dans des conditions inférieures d'existence ; c'est un devoir pour elle, autant qu'elle le peut, de faire disparaître les injustices sociales.

7° La *Caisse de retraites* qui permet à celles qui ont travaillé régulièrement et normalement de ne pas mendier leur existence quand elles deviennent invalides. C'est encore un devoir de la famille corporative de prévoir les misères de la vieillesse.

Telle est, exposée par M. l'abbé Combes, la vie d'une corporation solidement établie, prévoyante dans tous les détails. »

Mais une aussi vaste entreprise réclame la collaboration des ouvrières et des patronnes. Peut-on compter qu'on l'obtiendra, si l'on s'efforce d'imiter le *Syndicat de l'Habillement* ?

« Les ouvrières, dans une pareille organisation syndicale, semblent devoir trouver tous les avantages ou compensations désirables ; les patronnes, de leur côté, y trouveront-elles des avantages suffisants pour que le nombre des adhérentes soit proportionné à celui des ouvrières ?

« Mais, tout d'abord, ne voit-on pas les ouvrières, devenant elles-mêmes patronnes un jour, conserver l'esprit dans lequel elles auront été élevées et continuer ainsi à former le groupement corporatif ?

« Ensuite, sans regarder si loin, ne voit-on pas que les patronnes auront intérêt à se mêler à ce mouvement et à faciliter le développement d'une institution qui doit leur fournir des ouvrières dociles en même temps qu'habiles ?

« N'auront-elles pas elles-mêmes intérêt à

profiter des bienfaits des sociétés coopératives, des réductions *chez les pharmaciens et autres fournisseurs*, qu'elles obtiendront facilement si elles savent *faire valoir leur nombre ?*

« Ne pourront-elles pas connaître les bienfaits d'une *Banque mutuelle* leur accordant, suivant certaines garanties, le crédit qui, si souvent, leur fait défaut, soit pour pouvoir consolider une situation, soit pour agrandir leurs ateliers ? »

L'œuvre, ainsi entendue, profiterait inégalement, mais profiterait à la fois et aux patronnes et aux ouvrières. On y ferait aussi contribuer, pour décider de son succès, un troisième élément, les dames patronnesses.

« Il est incontestable qu'en l'état actuel des esprits dans tous les corps de métiers, aucune solution ne peut avoir lieu dans le monde ouvrier si le mouvement initial n'est pas donné par les classes dirigeantes.

« Cette intervention trouve tout naturellement sa place dans un syndicat mixte de femmes, dans un monde où le contact entre dames patronnesses, patronnes et ouvrières se trouve assez fréquent et, en tout cas, où l'accès sera toujours facile.

« Que vient donc demander le *Syndicat parisien de l'Aiguille ?* Un large Comité de patronage, comprenant le plus de noms possible.

« Quel concours attendre de ce Comité? Un concours moral, avant tout. Le monde de la couture à Paris est assez riche pour subvenir, par ses propres ressources, aux besoins de la corporation; si ce n'est à tous, au moins à presque tous.

« Mais les ressources ne viendront pas toutes seules; elles auront besoin d'être sollicitées, et c'est alors que le Comité de patronage pourra rendre d'éminents services. »

Comité de patronage.

Après quoi le rapport étudiait, avec plus de détails, ce que pourrait être, dans l'*Association parisienne de l'Aiguille*, ce Comité de patronage.

« Le Syndicat ou Corporation de *l'Aiguille* est une association professionnelle mixte de *patronnes, employées* ou *ouvrières, couturières, modistes, lingères, brodeuses* ou *fleuristes*.

« Son but est de rechercher quels sont les intérêts communs de la corporation, afin de les développer et, au besoin, les défendre, et, par suite, de créer des institutions de savoir professionnel, de prévoyance, d'assistance.

« La Corporation donne comme base à toutes

ses institutions, l'esprit chrétien, enseignant à tous l'esprit de solidarité.

« La Corporation se considère comme une grande famille et, à ce titre, juge équitable de venir en aide à ceux de ses membres qui, par suite de causes indépendantes de leur volonté, se trouvent dans des conditions inférieures d'existence; elle doit chercher, dans la limite de ses ressources, à faire *disparaître les injustices sociales.*

« *En quoi un Comité de patronage sera-t-il utile au développement du Syndicat et de ses institutions de prévoyance, et quels engagements prendront les dames patronnesses qui voudront bien donner leur adhésion?*

« Le Comité de patronage sera très utile en cherchant de nouvelles adhérentes, soit patronnes, soit ouvrières, dignes d'entrer dans la Corporation. Leur influence servira à maintenir, dans le Syndicat, l'esprit corporatif appuyé sur l'esprit chrétien.

« Le Comité de patronage aura pour mission d'aider le Conseil syndical dans les enquêtes à faire sur les ouvrières qui auraient à leur charge, soit une nombreuse famille, soit des parents infirmes, et dont le salaire paraîtrait insuffisant.

« Le Comité de patronage sera donc surtout

un appui moral pour la corporation Mais le Conseil syndical devant, suivant la règle des corporations, avoir la gestion de ses deniers, ne compte que sur ses propres efforts pour amener dans ses caisses les fonds nécessaires.

« Le Comité de patronage ne s'engage, en aucune façon, à combler les déficits quelconques causés par une mauvaise gestion, dont la responsabilité ne peut incomber qu'au Conseil corporatif. »

Enfin le rapporteur, sous forme d'appendice, comparait, point par point au Syndicat parisien de l'*Aiguille*, le *Syndicat mixte de l'Habillement de Carcassonne*, et ce supplément n'est pas moins curieux que le rapport même. On y verra de nouvelles preuves à l'appui de ce que nous avons dit dans notre *Petite Enquête*, sur l'extrême difficulté, sur la quasi-impossibilité de vivre, pour un nombre considérable de femmes, à Paris, sans recourir à autre chose qu'au produit de leur travail. A ce titre seul, la pièce aurait quelque importance et il ne serait pas inutile de la publier en entier, mais elle donne, en outre, des renseignements sommaires sur les *Écoles professionnelles*, les *Caisses de famille* et les *Caisses de retraites*.

*Appendice au rapport
sur le Syndicat mixte de l'Habillement.*

« Parmi les œuvres citées dans le rapport ci-joint :

École professionnelle.

Société de secours mutuels avec caisse annexe de subsides ou de prêts.

Société coopérative.

Agence de placement et de consultations.

Caisse de famille.

Caisse de retraites.

« Quelques-unes existent dans le *Syndicat parisien de l'Aiguille* ou à côté du Syndicat, telles sont : La Caisse de prêts et les Agences de placement et de consultations qui fonctionnent sous la surveillance du Conseil syndical.

« Telles sont encore, les Sociétés de secours mutuels et les Sociétés coopératives dont le nombre et la variété semblent suffisants à Paris, pour qu'il ne soit pas nécessaire de faire autre chose que de rattacher le *Syndicat de l'Aiguille* à celles existant déjà.

« Il y a bien aussi des écoles professionnelles, celles dirigées par la Société Elisa Le Monnier, par la Ville de Paris, par les sœurs de Saint-Vincent de Paul ; toutes rendent d'éminents .

services. Mais nous constatons que le nombre en est insuffisant et nous croyons, d'autre part, utile d'en créer de nouvelles ressortissant exclusivement de la Corporation, ces écoles étant, dans l'esprit du Syndicat, la base du recrutement des ouvrières de la Corporation. Cependant, les dépenses qu'entraînerait l'installation de ces écoles sont telles, que le moment ne paraît pas venu de s'en préoccuper.

« Restent deux œuvres : la *Caisse de famille* et la *Caisse des retraites*, qui méritent l'attention du Syndicat. La dernière, la Caisse des retraites, pourrait, sous peu, fonctionner si, par suite de l'absence de tout capital de réserve, les sommes à verser par les syndiquées ne dussent être très élevées et, par cela même, assez difficiles à trouver. D'ailleurs, pour organiser une Caisse de retraites, il faut attendre que le Syndicat ait donné des preuves suffisantes de vitalité.

« Tout autre est la *Caisse de famille*, qui répond à des besoins immédiats. Celle-ci a pour but de venir en aide aux ouvrières veuves avec enfants ou ayant à leur charge des parents infirmes ; elle vient compléter, dans la mesure de ses ressources, l'insuffisance du salaire.

« Voici, par exemple, le relevé de la situation d'une de nos ouvrières, veuve avec deux enfants, une fille de cinq ans et demi, un garçon de trois ans.

« Elle gagne 4 francs par jour ; si elle travaillait régulièrement les 300 jours ouvrables, elle aurait un gain annuel de 1.200 francs, avec lequel elle parviendrait (*sans doute très difficilement*) à vivre et à élever ses enfants.

« Mais il faut qu'elle compte sur une moyenne de 50 jours de morte-saison, les jours de demi-morte-saison étant compensés par les jours où elle travaille plus de dix heures. »

Voici donc une femme qui, malgré un salaire d'apparence élevée, 4 francs par jour, n'arrive à gagner que 1.000 francs ; à ce chiffre il faut joindre environ 100 francs de gain, qu'elle peut faire, chez elle, soit par des petits travaux de couture, soit par des blanchissages, au total 1.100 francs de recettes. Quelles sont ses dépenses ?

1° Loyer (minimum de loyer à Paris) Fr.   130
2° Ses enfants : la fille est placée chez
des sœurs où, moyennant 20 francs par
mois, elle est couchée et pourvue de
tout, soit par an.   240
Son fils, 3 ans, est en nourrice ; elle paie
pour lui relativement cher (30 francs par

mois), mais il n'est pas très loin de Paris,
et puis il est très bien soigné, il était
d'une santé délicate. (Ces détails indi-
quent réellement la préoccupation d'une
bonne mère de famille), soit par an. .   360
3° Dépenses d'entretien : elle entretient
le garçon, en lui faisant passer les robes
de la fille. La plus forte dépense pour
la mère est la chaussure,

    4 paires chaussure à 4 francs .   16
    Une robe avec doublure. . . .   6
    Lingerie, bas et divers.   23
    Une jaquette   6
    Pour son garçon   24
                     —
                    75

                        75
                     —
                    805

   Il reste donc à cette femme 300 francs environ
pour sa nourriture, soit 80 centimes par jour.
   Total de la dépense : 1.100 francs.
   Avec 80 centimes par jour, il lui est impossible de manger de la viande tous les jours, elle
est réduite souvent à ne manger que du pain et
des pommes de terre (1).

1. Voir le chapitre *Budgets d'ouvrières*, première partie
p. 105 et suivantes.

Il faut remarquer que cette femme, arrive à vivre exclusivement par son travail; jamais elle n'a demandé aucun secours.

Que la maladie, que le chômage prolongé viennent l'atteindre, c'est pour elle la mendicité obligatoire, quelquefois l'impossibilité de retrouver du travail, et presque sûrement la misère.

Elle ne peut plus payer les pensions des enfants, qui lui sont rendus ; et voilà trois personnes à la charge de l'assistance publique.

« Un devoir s'impose donc, on ne saurait trop le répéter. Que chacun fasse résolument ce qui dépend de lui pour prévenir ou pour soulager tant de maux.

« Nous sommes convaincus qu'il suffirait de signaler des conditions aussi pénibles pour que, de tous côtés, affluent les moyens d'y remédier.

« Beaucoup de ces situations sont ignorées, comme l'était d'ailleurs celle qui a été citée plus haut.

« Paris est si grand et les occupations si diverses !

« Tout un comité des dames patronnesses ne sera pas trop nombreux pour aider à rechercher toutes les souffrances cachées. »

L'heure est moins que jamais à l'indifférence et à l'égoïsme. Il ne faut pas avoir déchaîné, développé l'individu, seulement pour l'appétit de gagner et de jouir. Il y a des ambulances sur les champs de bataille. La lutte pour la vie appelle, dans tout état de civilisation tant soit peu supérieur à la barbarie, au moins ce correctif : le secours aux blessés de la vie. Croyant ou incroyant, ce n'est plus le moment, pour l'homme, de s'isoler de l'humanité et de se replier sur lui-même. S'il ne sort pas volontairement de la contemplation et du culte de son Moi, il en sera bientôt violemment arraché.

TABLE DES MATIÈRES

PREMIÈRE PARTIE

Petite enquête.

	Pages
Une moitié de la question sociale	14
La journée de travail des couturières	22
Chômages. Mortes-saisons. Surtravail	30
La seconde veillée. Le chant de la chemise	39
La loi. Les mœurs. Les patrons. Les premières	52
Un règlement d'administration publique sur la veillée	60
Les salaires	68
Couturières en belle confection, à façon, en confection ordinaire (vêtements de femmes)	76
Les salaires (*fin*). Modistes. Métiers divers	85
Les salaires en 1847 et en 1883	94
Budgets d'ouvrières	105
Misère morale de l'ouvrière	116
Conclusion. Ce qu'on a fait. Ce qu'on peut faire	133

SECONDE PARTIE

Notes et documents.

I. — DURÉE DU TRAVAIL ET SALAIRES

Pages

A. Loi sur le travail des enfants, des filles mineures et des femmes dans les établissements industriels. 154

B. Décret du 15 juillet 1893 portant règlement d'administration publique 175

C. Tableaux des heures de travail dans différents ateliers. 185

D. Extrait de l'enquête des dames patronnesses (1888) 190

E. Salaires dans différents métiers de femmes à Paris. 229

II. — ŒUVRES D'ASSISTANCE

A. Restaurant d'ouvrières 231

B. Participation aux bénéfices. 235

C. La Mutualité maternelle 240

D. La Couturière. 241

E. Le Syndicat de l'Aiguille. 246

F. Extension possible du Syndicat de l'Aiguille. . . 270

G. Le Syndicat mixte de l'habillement de Carcassonne 280

IMP. NOIZETTE ET Cie, 8, RUE CAMPAGNE-1re, PARIS.